EDUCAÇÃO NOS NOVOS TEMPOS

PARA FAZER ACONTECER!

EDITORA AFILIADA

Dados Internacionais de Catalogação na Publicação (CIP)
(Câmara Brasileira do Livro, SP, Brasil)

Casagrande, Renato
  Educação nos novos tempos : para fazer acontecer! / Renato Casagrande. – 1. ed. – São Paulo : Cortez Editora, 2023.

  Bibliografia.
  ISBN 978-65-5555-368-0

  1. Gestão educacional 2. Educação - Aspectos sociais 3. Educação - Brasil 4. Educadores - Brasil 5. Ensino - Métodos 6. Professores - Formação I. Título.

23-148221   CDD-370.981

Índices para catálogo sistemático:

1. Educação : Brasil 370.981

Henrique Ribeiro Soares - Bibliotecário - CRB-8/9314

RENATO CASAGRANDE

EDUCAÇÃO NOS NOVOS TEMPOS

PARA FAZER ACONTECER!

SÃO PAULO - SP

2023

EDUCAÇÃO NOS NOVOS TEMPOS: PARA FAZER ACONTECER!
Renato Casagrande

Direção Editorial: Miriam Cortez
Edição para o autor: Paulo Jebaili
Projeto Editorial: Elaine Nunes
Assistente editorial: Gabriela Orlando Zeppone
Preparação de originais: Gabriel Maretti
Revisão: Jaci Dantas
    Alexandre Ricardo da Cunha
Diagramação: Linea Editora
Capa: de Sign Arte Visual

Nenhuma parte desta obra pode ser reproduzida ou duplicada sem autorização expressa do autor e do editor.

© 2023 by autor

Direitos para esta edição
CORTEZ EDITORA
R. Monte Alegre, 1074 – Perdizes
05014-001 – São Paulo-SP
Tel.: +55 11 3864 0111
cortez@cortezeditora.com.br
www.cortezeditora.com.br

Impresso no Brasil – maio de 2023

Sumário

Agradecimentos 7
Prefácio 9

Capítulo 1 — A nova educação na nova escola – desafios, perspectivas e competências 13

Capítulo 2 — O hibridismo na Educação Básica 35

Capítulo 3 — Práticas de ensino e aprendizagem para a nova educação 57

Capítulo 4 — Mobilização, motivação e convivência com a nova geração 83

Capítulo 5 — A nova identidade do professor 101

Considerações finais 115
Referências 117

Agradecimentos

Minha eterna gratidão a todos os educadores e todas as educadoras que têm me inspirado na trajetória da vida, motivando-me, assim, a escrever este livro.

De modo especial, quero agradecer à amiga Dra. Lucília Panisset Travassos por seu incansável trabalho de revisão e pelos diálogos intermináveis que mantivemos, sem os quais esta obra ainda estaria incompleta.

Também agradeço aos colaboradores e às colaboradoras, parceiros e parceiras do Instituto Casagrande, especialmente à Priscila R. Santos e à Luciana Duarte, duas grandes mulheres que me assessoram e me permitem voar tranquilo e em paz na minha jornada educacional.

Minha gratidão se estende também aos amigos Cristovam Buarque e Walcyr Carrasco, que sonham comigo o mesmo sonho de transformação de vidas por meio da política, da arte e da educação.

Com amor e saudades, dedico este livro à minha querida mãezinha, Amélia Casagrande (*in memoriam*), que sempre me incentivou e me apoiou no louco e inebriante percurso no magistério.

Minhas palavras de reconhecimento são também dirigidas a Deus. Grato pela força recebida ao longo da caminhada, peço-Lhe que me cubra com o Seu manto e sustente a minha fé e a energia necessárias para a continuidade da viagem!

Prefácio

Este livro defende que a educação para novos tempos deve ser adaptativa e flexível, levando em conta a rápida evolução tecnológica e as mudanças sociais. Por isso, e por suas diversas qualidades, considero uma honra prefaciar a obra do professor Renato Casagrande *Educação nos novos tempos*: para fazer acontecer!

As ideias do Professor Casagrande mostram a necessidade de reformas a serem implementadas na estrutura da escola e nas atualizações curriculares, graças às quais os profissionais da área educacional teriam acesso à compreensão histórico-crítica das mudanças no sistema educacional, que objetivam aprimorar a qualidade da educação.

A pandemia pela qual a humanidade passou nos últimos anos induziu a percepção da necessidade de mudanças mais profundas e abrangentes na forma como a educação é concebida e praticada, no uso dos avanços tecnológicos, na adoção de políticas que transformem radicalmente o modo como aprendemos e ensinamos.

No mundo atual, é essencial incentivar habilidades, pensamento crítico, resolução de problemas, colaboração e criatividade. Além disso, é necessário fomentar a educação e o desenvolvimento de competências digitais, para que os estudantes possam lidar com a era da informação na sociedade do conhecimento. O *Educação nos novos tempos* mostra o caminho da alfabetização para a contemporaneidade.

Renato faz reflexões necessárias sobre a relação da escola com a família e a sociedade para uma educação de qualidade, defendendo o diálogo constante entre a escola e os responsáveis pelos estudantes, para que estejam alinhados com objetivos e estratégias educacionais que beneficiem a sociedade, levando em conta as suas necessidades e particularidades, ampliando, assim, as possibilidades de aprendizagem.

O livro inspira a pensar que as revoluções educacionais em marcha são fundamentais para aprimorar a qualidade e a eficácia da educação, tornando-a mais acessível, inclusiva e relevante para as necessidades do mundo contemporâneo. Para tanto, ele nos leva a entender a nova identidade do professor e, com base nisto, compreender a perspectiva e os desafios da formação docente. O professor Casagrande indica que, depois de cinco ou seis anos de exercício do magistério, muitos professores entram na fase do "abismo da decepção". Esse é o momento em que, na citação de texto de António Nóvoa, o professor, ainda jovem, pensa: "Será que estou condenado a passar o resto de meus dias na frente deste quadro de giz?". Essa angústia precisa ser percebida, entendida e superada, para que seja aproveitado o período que deveria ser o mais profícuo da atividade do professor em sua mentalidade, experiência e conhecimento.

Este livro nos desperta para ajudar a educação a manter os professores quando eles têm que superar crises de ânimo e, assim, o seu potencial ser aproveitado e crescer com a idade e com o tempo de exercício do magistério. Além de dispor de melhores condições de trabalho, o professor precisa ter acesso às novas tecnologias, que podem trazer eficiência e entusiasmo ao processo de ensino-aprendizado.

Estamos saindo da era analógica para a era digital; o professor e o aluno serão motivados com o salto da "aula teatral" para a "aula cinematográfica". Os novos tempos da educação vão exigir o surgimento de um novo campo tecnológico que reúna as modernas técnicas audiovisuais e as técnicas pedagógicas, para formarmos o novo professor para o novo tempo.

Ler este livro é uma oportunidade para nos despertarmos para os novos tempos da educação. Escrever este prefácio é um privilégio e uma oportunidade de apoiar a ideia de que a educação nos novos tempos deve ser inclusiva e voltada para a formação de cidadãos críticos, conscientes e comprometidos com um mundo mais justo e sustentável, em uma escola que, além de formadora do saber solidário, seja tecnologicamente contemporânea dos novos tempos.

Senador Cristovam Buarque
Ex-ministro de Estado da Educação

CAPÍTULO 1

A NOVA EDUCAÇÃO NA NOVA ESCOLA – DESAFIOS, PERSPECTIVAS E COMPETÊNCIAS

"O principal objetivo da educação é criar pessoas capazes de fazer coisas novas, e não simplesmente repetir o que outras gerações fizeram."

JEAN PIAGET

Estamos vivendo no contexto dos acontecimentos nacionais e mundiais resultantes da globalização, de crises sucessivas, de grandes mobilidades internacionais e do redesenhar do mapa geopolítico, com conflitos e grandes paradoxos, assim como demonstrações de segregação, de discriminação e das desigualdades sociais que se disseminam continuamente. A complexidade das relações decorrentes das novas demandas requer a superação dos referenciais convencionados, sejam eles de ordem cultural, política ou social.

Em geral, as escolas mantiveram o seu modelo de ser e de fazer, evitando qualquer fator que o pusesse em risco, resistindo, até recentemente, a ultrapassar os limites dos seus muros. Estamos, no entanto, diante dos novos paradigmas das políticas educacionais internacionalizadas, o que exige uma mudança de postura das instituições de ensino.

A Educação passa por uma metamorfose, e os papéis da escola, dos professores e dos alunos têm mudado intensamente nos últimos anos.

Em 2020, a pandemia da covid-19 nos impeliu — como profissionais da Educação — a repensarmos a Escola em um tempo exíguo, e propor uma evolução que ainda não acontecera, mesmo que ela tenha tido décadas para tal. Ainda assim, não temos ideia de como será a escola daqui a 10, 15 ou 20 anos, após esse turbilhão que nos impediu de fazer o mais importante nesse campo: nos relacionarmos de forma presencial.

Tivemos que aprender a usar a tecnologia disponível, enfrentar as desigualdades, agora mais evidentes, e achar meios de manter o mundo todo estudando. Em 2019, 27% das escolas do Ensino Fundamental e do Ensino Médio informaram não ter acesso à internet e 44% não eram atendidas por rede pública de esgoto. Evidentemente, isso impactará a formação das próximas gerações, e a escola precisa se preparar para mudar essa realidade (IPEA, 2020).

Passado o susto inicial da pandemia, temos que abandonar as normas e regras antigas, que há muito tempo não nos levam para a frente. Essa fraqueza fica evidente nos resultados do Brasil no Programa Internacional de Avaliação de Alunos, o Pisa (BRASIL, 2020b). Esse estudo da Organização para a Cooperação e Desenvolvimento Econômico (OCDE), realizado a cada três anos, considera o desempenho educacional de 70 países, fornecendo "informações sobre o desempenho dos estudantes na faixa etária dos 15 anos, idade em que se pressupõe o término da escolaridade básica obrigatória na maioria dos países" (BRASIL, 2018d).

Os resultados do Pisa possibilitam a avaliação nacional do desempenho dos alunos em relação aos conhecimentos e às habilidades que estão desenvolvendo e também os compara com a *performance* de estudantes dos demais países. Isso possibilita que cada país crie políticas públicas com programas educacionais, busque equidade no acesso à aprendizagem e melhore a qualidade do ensino.

No Pisa 2018, apenas 2% dos estudantes brasileiros alcançaram os níveis 5 e 6, os mais altos da proficiência (média OCDE: 16%), e somente 43% dos alunos pontuaram abaixo do Nível 2 (média da OCDE: 13%), o mínimo de proficiência, em três domínios: leitura, matemática e ciências (BRASIL, 2019b; OCDE, 2019, p. 1).

No mesmo ano de 2018, somente 35,9% dos alunos que completaram o Ensino Médio na rede pública ingressaram na Educação Superior, o que nem sequer garante a sua permanência ou a conclusão do curso. Já para os estudantes da rede privada, esse indicador atingiu 79,2% (IBGE, 2018, p. 101). Esses dados alarmantes mostram a necessidade de mais investimento em políticas públicas, mesmo a Lei n. 12.711/2012 já tendo determinado que 50% das vagas nas Instituições de Ensino Superior (IES) brasileiras sejam reservadas para quem tiver cursado todo o Ensino Médio na rede pública de ensino (BRASIL, 2012a).

Educação é uma política pública social, de responsabilidade do Estado, mas não pensada somente por ele. Aqui, vale explicar que o Estado é um conjunto de instituições políticas, jurídicas, administrativas e militares, que é responsável pela criação de leis e normas circunscritas a seu território geográfico e político, no qual a cultura política é partilhada por seus cidadãos. Já o governo é um conjunto de projetos e programas para toda a sociedade, criados por políticos, técnicos e/ou organizações da sociedade civil, sendo o responsável por formalizar, por meio de aprovação parlamentar, tais projetos e programas.

Para a professora e doutora em Educação Zita Lago (2020), uma política pública pode ser definida como a criação, pelo Estado, de programas, projetos e ações voltados para áreas específicas da sociedade, que propiciem impactos positivos nessa mesma sociedade. Já as políticas públicas educacionais dizem respeito a áreas específicas de intervenção: políticas para a Educação Básica (Educação Infantil, Ensinos Fundamental e Médio e Educação Superior).

Educação é uma política pública que revela as intenções que subsidiam os planos do governo e suas ações para ela. Assim, Educação e Política têm a mesma natureza, pois tanto podem reproduzir a ordem estabelecida quanto transformá-la por meio de planos e ações em determinado espaço-tempo.

Tanto o governo quanto os dirigentes educacionais e os professores precisam rever conceitos e valores, inovar e mudar. Porém, é preciso entender que essa mudança não consiste apenas em usar as Novas Tecnologias de Informação e Comunicação (NTICs), mas em desenvolver modos alternativos de agir. Ninguém está pedindo que joguemos fora o conhecimento que temos, mas sim que o reformatemos, de modo que esteja mais adequado para o nosso público atual.

Precisamos ter coragem de repensar o modelo de ensino tradicional, que é embasado no acúmulo e na transmissão de informações, o que não condiz mais com a sociedade contemporânea. As novas gerações precisam de uma educação dinâmica e interativa, voltada para a formação integral.

O processo educacional do futuro está em desenvolvimento. Existem amplos desafios, variadas fontes, infovias, multirreferências e informações que podemos consultar, e precisamos partir daquilo que o aluno já sabe para poder ensiná-lo de fato. Todavia, se todos esses pressupostos estão na pauta há bastante tempo, por que é tão difícil os educadores e as escolas mudarem?

Formado por velhas estruturas, o educador acabou reproduzindo o modelo da escola em que estudou, tanto na sala de aula quanto nas funções de gestão. Enquanto o mercado de trabalho e o mundo dos negócios são submetidos a estruturas modernas, boa parcela dos educadores tem demorado para compreender a realidade e as alternativas apresentadas.

Mudanças corporativas são resultados de mudanças pessoais. Portanto, pensar as mudanças da instituição escolar de modo estratégico é se defrontar com a necessidade de rupturas em todos os níveis. Docentes e gestores precisam comandar essas mudanças, em vez de serem levados por elas.

O Brasil tem vivido de reformas programáticas (de conteúdo), mas precisamos é de uma grande reforma paradigmática (de modelos). O momento exige invenção, ousadia e imaginação para criar o novo.

Referindo-se à reforma paradigmática, o pesquisador Pazeto (2000) afirma que as instituições educacionais têm o desafio de assumir novas funções, interfaces e papéis para os quais ainda não adquiriram consistência e condições suficientes:

> Enquanto muitas organizações, em especial as que compõem o mercado de produção de bens e serviços, impregnaram-se de novos valores, as instituições educacionais, de um modo geral, ainda não

tomaram consciência da necessidade de criarem uma gestão ágil, dinâmica e comunicativa para o empreendimento de suas estratégias (PAZETO, 2000, n.p.).

Ninguém duvida da importância da Educação para o desenvolvimento da humanidade, e a sociedade está cada vez mais exigente em relação aos resultados educacionais. Hoje, porém, o mundo faz grandes questionamentos sobre o custo-benefício da escola. Pesquisas do International Institute for Educational Planning da United Nations Education Scientific and Cultural Organization (IIEP/UNESCO, 2003a) mostram que, nas sociedades hiperescolarizadas, de 10% a 25% dos egressos da Educação Básica são analfabetos funcionais: leem, mas não compreendem o que o que está escrito. A pergunta indispensável é: *Mais escolas significam mais competência e sabedoria para todos?*

Antes, o educador Chaves (2004) já nos desafiou a reinventar a escola, revendo os seguintes conceitos: Educação (*Por que educar? Para que educar?*); missão da escola; currículo; método; o papel de alunos, professores e da equipe técnica; organização do tempo e do espaço; relação com o mundo externo e com a tecnologia; e o educador, que precisa ter emoção, inteligência, vontade e postura e atitude adequadas.

Em meio a todas essas indagações e às muitas insatisfações com os resultados das escolas, chegou a pandemia de covid-19, que virou o mundo "de cabeça para baixo". Da noite para o dia, tivemos que nos adequar às mudanças, que expuseram falhas e frustrações, e nos adaptar ao distanciamento social.

Vale observar que as últimas décadas foram fundamentais para desenhar a escola que temos hoje — e que teremos no futuro —, pois já havia movimentos significativos para a transformação da Educação. Quando a pandemia mexeu com toda a estrutura educacional, já tínhamos começado a lição de casa.

1. AS REFORMAS DE ENSINO E AS REVOLUÇÕES NA EDUCAÇÃO

Nas últimas três décadas houve grandes movimentos em prol de uma educação mais justa, mais igualitária e de melhor qualidade. Entre os principais impactos positivos na educação brasileira, destacam-se seis grandes marcos, que abordaremos a seguir.

O primeiro deles foi a Constituição de 1988, que trouxe avanços fundamentais para a sociedade, pois incluiu a Educação no rol dos direitos civis, e explicitou o dever do Estado de garantir o acesso universal, público e gratuito à escola e às creches. De acordo com o Art. 205, "A educação, direito de todos e dever do Estado e da família, será promovida e incentivada com a colaboração da sociedade, visando ao pleno desenvolvimento da pessoa, seu preparo para o exercício da cidadania e sua qualificação para o trabalho" (BRASIL, 2019d).

Antes disso, não existia a obrigatoriedade de o Estado garantir amplo acesso a todos os cidadãos, pois a educação em rede pública de ensino era oferecida apenas como uma assistência para quem não tinha condições de matricular os filhos nas escolas particulares. A Constituição de 1988 foi fundamental por ter estabelecido o compromisso com a igualdade, a universalização, a inclusão e a gestão democrática da escola.

O segundo marco — a Lei n. 9.394/96, Lei de Diretrizes e Bases da Educação Nacional (LDBEN) — também foi importantíssimo para esse processo (BRASIL, 2020a).

Após mais de duas décadas de discussão, a LDBEN estabeleceu importantes diretrizes, assim resumidas por Martins (2003):
- Liberdade de aprender, como princípio de ensino;
- Garantia de padrões mínimos de qualidade de ensino para o desenvolvimento dos processos de ensino e aprendizagem;

- Zelo pela aprendizagem dos alunos, como incumbência dos docentes;
- Flexibilidade da organização da Educação Básica para atender os interesses do processo de aprendizagem;
- Verificação do aprendizado, na qual os aspectos qualitativos da aprendizagem devem prevalecer sobre os quantitativos, como critério para avanço nos cursos e nas séries;
- Desenvolvimento da capacidade de aprender, tendo como meios básicos o pleno domínio da leitura, da escrita e do cálculo, como estratégia para objetivar a formação básica do cidadão no Ensino Fundamental;
- Adoção, no Ensino Fundamental, do regime de progressão continuada, sem prejuízo da avaliação do processo de ensino e aprendizagem;
- Garantia às comunidades indígenas da utilização de processos próprios de aprendizagem;
- Continuidade do aprender, como finalidade do Ensino Médio para o trabalho e a cidadania do educando.

O terceiro marco significativo foi o Sistema de Avaliação da Educação Básica (Saeb), criado em 1990, que, desde 1995, avalia a cada dois anos a evolução da qualidade da educação (BRASIL, 1995).

Os indicadores do Saeb são utilizados pelo Ministério da Educação e pelas Secretarias Estaduais e Municipais para definir ações voltadas para a solução dos problemas identificados, assim como o direcionamento dos recursos técnicos e financeiros para as áreas prioritárias, visando ao desenvolvimento do Sistema Educacional Brasileiro e à redução das desigualdades.

Segundo o Instituto Nacional de Estudos e Pesquisas Educacionais Anísio Teixeira, o Inep (BRASIL, 1995), os principais objetivos do Saeb são:

- Oferecer subsídios à formulação, reformulação e monitoramento de políticas públicas e programas de intervenção ajustados às necessidades diagnosticadas nas áreas e etapas de ensino avaliadas;
- Identificar os problemas e as diferenças regionais do ensino;
- Produzir informações sobre os fatores do contexto socioeconômico, cultural e escolar que influenciam o desempenho dos alunos; proporcionar aos agentes educacionais e à sociedade uma visão clara dos resultados dos processos de ensino e aprendizagem e das condições em que são desenvolvidos;
- Desenvolver competência técnica e científica na área de avaliação educacional, ativando o intercâmbio entre instituições educacionais de ensino e pesquisa.

A implantação desse sistema de avaliação possibilitou estabelecer alvos mais realistas para a educação brasileira e, por isso, o Congresso Federal promulgou a Lei n. 13.005/2014, que aprova o Plano Nacional de Educação (PNE) e dá outras providências. Esse Plano, que tem vigência de dez anos e traz como principais desafios a evolução dos indicadores de alfabetização e inclusão, a formação continuada dos professores e a expansão do ensino profissionalizante para adolescentes e adultos, é o quarto marco da educação.

O PNE (BRASIL, 2014) definiu dez diretrizes para uma política educacional decenal, com a finalidade de direcionar esforços e investimentos para elevar a qualidade da educação no País. São elas:

- Erradicação do analfabetismo;
- Universalização do atendimento escolar;
- Superação das desigualdades educacionais, com ênfase na promoção da cidadania e na erradicação de todas as formas de discriminação;

- Melhoria da qualidade da educação;
- Formação para o trabalho e para a cidadania, com ênfase nos valores morais e éticos em que se fundamenta a sociedade;
- Promoção do princípio da gestão democrática da educação pública;
- Promoção humanística, científica, cultural e tecnológica do País;
- Estabelecimento de meta de aplicação de recursos públicos em educação como proporção do Produto Interno Bruto (PIB), que assegure atendimento às necessidades de expansão, com padrão de qualidade e equidade;
- Valorização dos(as) profissionais da educação;
- Promoção dos princípios do respeito aos direitos humanos, à diversidade e à sustentabilidade socioambiental.

O Plano Nacional de Educação também determinou vinte metas, acompanhadas de estratégias que abrangem desde a Educação Infantil até a pós-graduação, para o decênio 2014-2024.

Essa mesma lei reitera o princípio de cooperação federativa da política educacional, já presente na Constituição Federal e na Lei de Diretrizes e Bases da Educação Nacional, ao estabelecer que "a União, os Estados, o Distrito Federal e os Municípios atuarão em regime de colaboração, visando ao alcance das metas e à implementação das estratégias objeto deste Plano" e que "caberá aos gestores federais, estaduais, municipais e do Distrito Federal a adoção das medidas governamentais necessárias ao alcance das metas previstas neste PNE" (BRASIL, 2014).

O quinto marco foi a reforma do Ensino Médio, que, entre outras medidas, instituiu a Política de Fomento à Implementação de Escolas de Ensino Médio em Tempo Integral.

Ao ampliar o tempo mínimo do estudante na escola até 2022 (de 800 para 1.000 horas anuais) e definir uma organização curricular mais flexível e com itinerários formativos que contemplem a Base Nacional Comum Curricular (BNCC), a Lei n. 13.415/2017 estabeleceu uma mudança na estrutura do Ensino Médio (BRASIL, 2017). Ela propicia possibilidades de escolha para os estudantes, com foco tanto nas áreas de conhecimento como na sua formação técnica e profissional. Com isso, visa a garantir a oferta de educação de qualidade para todos os jovens brasileiros e aproximar as escolas da realidade dos estudantes, considerando as novas demandas e complexidades do mundo do trabalho e da vida em sociedade.

O sexto marco foi a Base Nacional Comum Curricular (BRASIL, 2018a), um documento de caráter normativo que serve de referência para a elaboração dos currículos de todas as escolas de Educação Básica no Brasil. A BNCC foi criada para promover a equidade, por meio da formação integral do cidadão e a valorização dos conhecimentos historicamente construídos, ajudando os estudantes a entenderem e explicarem a realidade do mundo e a colaborarem na construção de uma sociedade democrática, justa e inclusiva.

A BNCC apresenta dez competências a serem desenvolvidas na Educação Básica: conhecimento; pensamento científico, crítico e criativo; repertório cultural; comunicação; cultura digital; trabalho e projeto de vida; argumentação; autoconhecimento e autocuidado; empatia e cooperação; responsabilidade e cidadania.

Com esses seis marcos, estamos chegando a uma educação mais próxima da realidade das pessoas e mais conectada com as demandas da atual sociedade.

Para entendermos melhor a educação contemporânea, é necessária uma breve retrospectiva sobre as grandes ondas da educação no mundo.

2. AS ERAS DA SOCIEDADE E AS FASES DA EDUCAÇÃO

Vamos pegar emprestadas algumas expressões do setor empresarial, visto que essa área tem o costume de separar momentos importantes da vida socioeconômica por números. Assim surgiram os termos 1.0, 2.0, 3.0 e 4.0, que facilitam a compreensão de como as sociedades se comportam. Ainda que essas denominações não sejam escalas científicas, elas nos ajudam a entender a evolução social e são perfeitamente aplicáveis à educação.

A Educação 1.0

O mundo 1.0 é associado à era agrícola, cujo poder estava centralizado na conquista de territórios. Era o mundo do *Homo politicus*, baseado em relações não necessariamente econômicas, como as conhecemos atualmente. A globalização naquela época remetia a países, à definição de fronteiras e às navegações intercontinentais. Ao mesmo tempo, tudo se concentrava na agricultura, em quem produzia, pois era essa parcela da população que alimentava a sociedade.

Embora haja divergência entre autores sobre a caracterização do que seria a Educação 1.0, muitos consideram que esse é o período em que grandes filósofos e religiosos trabalhavam o conhecimento por meio de discursos e ensinamentos filosóficos ou cristãos.

Nessa fase, os professores eram detentores do conhecimento e a educação era extremamente informal. Ensinava-se nas praças, nas ruas, nas casas das pessoas, em qualquer lugar. O mestre era a figura central no processo de ensino e aprendizagem. Dessa forma, os alunos que desejassem avançar nos estudos em qualquer área precisavam escolher um mestre. Era comum que os discípulos se sentassem aos pés dos seus mestres, em atitude de admiração e até mesmo de submissão.

Como relata o professor Fava (2016), o ensino era desenvolvido em estreita simbiose com a Igreja. Muitos mestres eram sacerdotes e suas aulas eram ministradas nas igrejas, com um ensino focado nas lições das Escrituras.

É possível resumir a Educação 1.0 como a de uma escola desvinculada do mundo, em que o ensino era individual, o professor era extremamente valorizado e lecionava diversas disciplinas. O acesso à educação era para poucos, geralmente os nobres, os filósofos ou os intelectuais.

A Educação 2.0

O rompimento com a Educação 1.0 se deu em torno de 1780, na época da Primeira Revolução Industrial. Com as discussões sobre produção em série, pequenos artesãos tornaram-se empregados de grandes fábricas. Com a chegada da prensa em várias partes do mundo, a comunicação entre os povos também evoluiu. Esse divisor de águas trouxe o fenômeno da Globalização 2.0, que atingiu as empresas e gerou comércio entre países, algo inédito na economia. Com a formulação de *Homo economicus* por Taylor (2009), surgiram os conceitos de sindicatos, exploração econômica e o próprio desenho do capitalismo.

A migração da zona rural para a zona urbana resultou em jornadas extenuantes de trabalho e a valorização cada vez maior do lucro. Esse homem consumidor e focado no trabalho industrial trouxe, para a escola, os conceitos da divisão de tarefas, de um tempo para cada aula e da divisão por disciplinas.

Surgia a escola 2.0, caracterizada por normas, regulamentos e organização quase industrial. Instalou-se o modelo por séries, e a escola assumiu o papel de simples repassadora de informações, que enfatizava a memorização, a divisão das disciplinas, a fragmentação do conhecimento e afastava qualquer tipo de emoção do seu ambiente. Houve muitas críticas à educação e só mais tarde foi inserida a ideia de que, para haver aprendizagem, é preciso levar em conta a emoção e criar relações e conexões entre os conteúdos.

A Educação 2.0 pode ser caracterizada, portanto, como a educação pós-Revolução Industrial, mecanizada, com aprendizagem centrada na memorização de conteúdo, mesmo que temporária. A escola cumpre o papel de preparar o homem para o trabalho. Cada vez mais, a educação passa a ser direito do cidadão, embora ainda muito distante de se tornar universal.

A Educação 3.0

Baseada no uso de tecnologia e na Sociedade do Conhecimento, a Educação 3.0 teve início com a revolução tecnológica, também conhecida como Terceira Revolução Industrial, com ênfase no advento da internet.

No início dos anos 2000, a expressão "Sociedade da Informação" começou a ser utilizada para explicar a nova matriz da vida em sociedade, agora baseada nas Tecnologias da Informação e da Comunicação (TICs), fortemente influenciada pelo desenvolvimento da economia a partir das novas tecnologias. Em seguida, o conceito de Sociedade do Conhecimento começou a ser utilizado, especialmente no meio acadêmico.

Em 2003, Abdul Waheed Khan (diretor-geral da Unesco para comunicação e informação de 2001 a 2010) falou da diferença entre sociedade da informação e sociedade do conhecimento:

> Na verdade, os dois conceitos são complementares. Sociedade da informação é a pedra angular das sociedades do conhecimento.

> Considerando que eu vejo o conceito de "sociedade da informação" como vinculado à ideia de "inovação tecnológica", o conceito de "sociedades do conhecimento" inclui uma dimensão de transformação social, cultural, econômico, político e institucional, e uma perspectiva mais pluralista e desenvolvimentista. Em minha opinião, o conceito de "sociedades do conhecimento" é preferível ao da "sociedade da informação" visto que expressa melhor a complexidade e o dinamismo das mudanças que estão ocorrendo (KHAN, 2003 *apud* TRAVASSOS, 2019, p. 22).

A economia sai do modelo industrial e se cristaliza na Era da Informação, dando origem ao *Homo complexus*. Esse, agora, não lida mais apenas com empresas, mas também com culturas diferentes e pessoas globalizadas. Passa a importar também o conhecimento, não mais apenas dinheiro. Um caso que ilustra essa nova realidade é o de Salman Khan. Em 2007, para ajudar uma prima de outra cidade a estudar matemática, esse engenheiro americano decidiu gravar aulas de 10 a 15 minutos e colocá-las no YouTube, uma novidade naquela época. Além dela, outros primos começaram a acessar os vídeos e, poucos meses depois, Khan passou a receber *e-mails* de desconhecidos com agradecimentos. Assim, em 2009, ele fundou a Khan Academy, a maior plataforma educacional gratuita do mundo, que se apresenta da seguinte forma: "Somos uma organização sem fins lucrativos com a missão de oferecer uma educação gratuita de alta qualidade para qualquer pessoa, em qualquer lugar" (KHAN ACADEMY, 2021).

Os *links* abrem milhares de aulas de diversos campos do conhecimento, traduzidas para cerca de 30 idiomas. A história de Khan, que tinha apenas 30 anos na época, tem influenciado milhares de pessoas: com criatividade e aplicação de conhecimento, revolucionou o papel do professor e a maneira de ensinar. Bill Gates, dono da Microsoft, já declarou que costuma assistir às aulas da Khan Academy com os filhos, uma experiência que também pode ser bastante significativa para professores em geral, pois a academia oferece duas áreas dedicadas à formação continuada: a Khan Academy para Educadores e a Formação para Educadores (KHAN ACADEMY, 2021).

Cabe observar que os atuais modelos de sucesso não são mais o resultado do poder aquisitivo somente, mas sim da capacidade de gerar conhecimento, criatividade e inovação. Não é à toa que, entre os nomes mais importantes no mundo dos negócios estão os de pessoas que souberam ressignificar a comunicação, as relações sociais e o ensino, como os próprios Bill Gates, Salman Khan e Mark Zuckerberg (fundador do Facebook).

Na Educação 3.0, há questionamentos sobre a visão do ensino no qual não se dá importância para a memorização absurda, mas sim para a aprendizagem com o auxílio das novas tecnologias.

A internet possibilitou buscas inteligentes de assuntos globais, 24 horas por dia e instantaneamente. Também possibilitou novas formas de aprendizagem, por meio de janelas interativas, com o auxílio de *softwares* que ajudam a desenhar, escrever, calcular, entre outras habilidades. E ainda há as redes sociais, os jogos eletrônicos, os áudios e vídeos de alta qualidade, as múltiplas plataformas de aprendizagem, os livros, artigos e textos e os *hyperlinks* que permitem deslocamentos para diversos lugares e assuntos.

A Educação 4.0

O conceito da Escola 4.0 nasce com a Era do Significado, na qual o filósofo e empresário Firace (2011) identifica novos caminhos para este mundo com possibilidades de aprendizado e em constante transformação, com atuação consciente e um olhar capaz de humanizar e ressignificar as organizações, inclusive as instituições educacionais, como locais de aprendizados e relacionamentos.

Vivemos em uma sociedade mais preocupada com a diversidade, com a igualdade de direitos e com a felicidade, tanto na vida pessoal quanto profissional.

Surge, então, um conceito novo, com foco na emoção e no prazer: o de *Homo eroticus*. Em um livro escrito sobre esse conceito, o filósofo francês Michel Maffesoli trouxe à tona uma nova maneira de ver o ser humano, cuja racionalidade estava aflorada pela tecnologia. O autor defende a importância do culto ao prazer, ao afeto e às emoções: "O espírito do tempo parece pôr em dúvida a ordem racionalista que prevaleceu e privilegiar o emocional. Daí a ênfase no papel dos afetos, no erótico social". E o autor continua, "[...] É assim que se pode compreender a mudança dos tempos" (MAFFESOLI, 2014, p. 10).

O educador desta nova era não pode mais ser centralizador, autoritário ou "o" especialista, pois é tempo de versatilidade. O Índice de Desenvolvimento da Educação Básica (Ideb) aponta queda nos indicadores do 6º ao 9º ano, período em que é preciso solidificar valores e ter uma visão mais universal.

O que tem sido observado no Ensino Médio, e também nos anos finais do Ensino Fundamental, é a compartimentalização dos conteúdos, o que não cabe na Educação 4.0. Contudo, o professor de Química, de Matemática ou de Português não pode mais se restringir às suas "caixinhas de disciplinas". Ele precisa ver o todo e, especialmente, ver cada aluno como um ser complexo, sem divisões temáticas ou de horários, exatamente o contrário de como, hoje, a maioria das escolas ainda funciona.

Como esses caminhos são bastante novos, não sabemos ao certo como tudo isso vai se concretizar. Só entendemos que essa é uma nova configuração de educação, na qual a figura do professor passa não apenas pelo conhecimento específico, mas principalmente pela curadoria do conteúdo. Esse conceito é determinante para a nova escola. Devemos entender como se estabelecem as interações em sala de aula, aceitar que os alunos se expressam de formas variadas e definir como trabalhar com as diferenças. Essa é uma escola que respeita a diversidade, que permite ao aluno ser protagonista de sua própria aprendizagem e aceita sua complexidade.

Com o advento da Quarta Revolução Industrial, a sociedade passou a viver a era caracterizada pelo surgimento da Inteligência Artificial, da robótica, de novas redes de comunicação, da impressão em 3D e outras inovações tecnológicas que, em breve, vão mudar a economia e as relações interpessoais drasticamente.

Nas próximas décadas viveremos transformações ainda maiores na sociedade e, mais uma vez, a escola precisará desenvolver amplas e variadas competências para lidar com o novo mundo. Estudiosos afirmam que mais da metade dos empregos atuais deixarão de existir nas próximas duas décadas e que a maioria das crianças que entram na escola trabalharão em funções que sequer existem hoje.

A Educação 4.0 deverá ser baseada em alta tecnologia, ou seja, em inteligência artificial, robôs, *big data*, impressão 3D, realidade aumentada, *cloud computing*, *Internet of Things* (*IoT*), entre outras. A adoção dessas tecnologias na educação exige um novo paradigma pedagógico, voltado para a conectividade, para a informação em tempo real, para a integração de dados, processos e pessoas.

3. A RELAÇÃO DA ESCOLA COM A FAMÍLIA E A SOCIEDADE

O mundo mudou tanto que os pais, antes certos de como educar os seus filhos e as suas filhas, e com mais segurança ainda sobre os resultados que obteriam dessa educação, acabaram admitindo não ter mais tanta convicção. Muitas vezes, eles não sabem avaliar a escola ou o método de ensino adequado, têm dúvidas sobre se devem incentivar ou não a prática de sua religião ou sobre se deixam o jovem escolher o caminho mais alinhado com seus interesses e crenças. Hoje, pouco a pouco, eles estão percebendo os seus limites.

Frequentemente, a influência da globalização sobre as crianças, os adolescentes e os jovens supera, em parte, o modelo de educação com o qual as famílias e a escola estão acostumadas.

Esse dilema pode ser traduzido nas seguintes questões:

- Como preparar as crianças, os adolescentes e os jovens para um mundo com tantas incertezas e contradições?

- Como desenvolver sua consciência crítica e prepará-los para a reflexão e a mudança de atitude no que tange os desígnios deste novo e complexo mundo, sem precedentes na história da humanidade?

- O que os educadores podem fazer ou falar e o que não podem?

Na última década, um estudo realizado pela Unesco, em parceria com o Ministério da Educação, elegeu a aproximação das escolas e das famílias como prioridade, que pode ser a recuperação da singularidade do aluno visto no seu contexto mais amplo. Percebeu-se que, quando a escola melhora seu conhecimento e compreensão sobre os estudantes, a sua capacidade de comunicação e de adequação das estratégias didáticas se eleva e, em consequência, aumentam as chances de o trabalho escolar ser bem-sucedido. Portanto, a conquista da participação das famílias na vida escolar dos alunos deve ser vista como parte das ações do planejamento educacional (UNESCO, 2003a).

Outro estudo, este realizado pela Fundação Itaú Social (2018), em parceria com a Todos Pela Educação, a União Nacional dos Dirigentes Municipais de Educação (Undime), o Conselho Nacional dos Secretários de Educação (Consed), que teve como foco a relação entre a família e a escola no Ensino Fundamental, apontou os principais fatores a serem levados em conta para essa aproximação:

- As escolas precisam compreender a realidade dos alunos, suas especificidades e desenvolver meios de se aproximar dela;
- Abrir espaços de diálogo com as famílias, por meio de reuniões, rodas de conversa, eventos, festas e outras atividades;
- Implantar uma nova abordagem com a família, no sentido de acolher suas especificidades. A escola deve chamar as famílias não apenas para cobrar ou reclamar do comportamento dos estudantes. É preciso enfatizar aspectos positivos e compartilhar as produções dos alunos;
- Melhorar as orientações das famílias, deixando-as mais claras, respeitando o posicionamento dos pais, que às vezes é divergente do da escola. Essas orientações devem ser feitas tanto individual como coletivamente;
- Promover a integração interna da escola por meio da promoção de um bom clima escolar, adotando estratégias eficazes de gestão e a incorporação de princípios integradores em seu projeto pedagógico;
- Chamada ativa das famílias para a melhoria dos indicadores educacionais. A escola precisa resgatar os alunos que estão com dificuldades de desempenho e assiduidade. Recomenda-se um olhar e um cuidado particulares com cada aluno e também o desenvolvimento de estratégias específicas de atuação com as famílias envolvidas nessa busca ativa;
- Elaborar e reelaborar o projeto pedagógico, levando em conta a integração com pais e comunidade;
- Desenvolver projetos transversais que consigam envolver a participação ativa e o envolvimento das famílias e da comunidade escolar. A escola não pode ser pensada isoladamente, portanto, é

importante pensar a escola envolvendo o território ao seu redor e a própria rede de ensino em que a escola estiver inserida. Assim, dependendo de onde a escola estiver localizada, o fator território pode ser mais ou menos determinante para o sucesso das suas atividades e isso deve ser levado em consideração pelas redes.

Escola e famílias, sozinhas ou isoladas em seus mundos, não propiciarão grandes progressos no desenvolvimento e na formação das crianças e dos adolescentes. Contudo, isso não significa que seus papéis sejam os mesmos: a escola não pode substituir a responsabilidade que a família tem; a escola tem como função principal promover e desenvolver a autonomia, a solidariedade e a formação crítica dos alunos, mas a responsabilidade da formação integral e plena do cidadão continua sendo da família. Ambas têm responsabilidades complementares que, se trabalhadas em conjunto, favorecerão a formação dos alunos.

Haverá dissensos, contradições, conflitos, mas eles serão bem menores do que as consequências negativas de uma formação fragmentada, frágil e incapaz de lidar com as demandas que a sociedade e o mundo preveem para o futuro das crianças, dos adolescentes e dos jovens.

CAPÍTULO 2

O HIBRIDISMO NA EDUCAÇÃO BÁSICA

"A educação é um processo social, é desenvolvimento. Não é a preparação para a vida; é a própria vida."

JOHN DEWEY

Há quem diga até que tínhamos uma escola do século 19, com professores do século 20, ensinando alunos do século 21, pois havia grande dificuldade para a escola sair do padrão concebido na Revolução Industrial.

A formação de professores, principalmente a inicial (cursos de Magistério, Pedagogia, Normal Superior e licenciaturas), sempre se concentrou nos elementos acadêmicos, em detrimento da prática em sala de aula. Há tempos, a maioria das universidades é acusada de falta de diálogo com as escolas da Educação Básica e de, na formação de licenciados, focar muito mais na preparação de pesquisadores do que de professores. Ou seja, as diversas licenciaturas estão mais focadas na formação de matemáticos, biólogos, historiadores etc. do que na de professores das disciplinas de Matemática, Biologia, História, entre outras.

Com a pandemia, milhões de alunos de todo o mundo passaram a estudar de forma remota, numa conjuntura bastante desafiadora. Nesse contexto, estudos do Banco Mundial indicam que aumentou a desigualdade de aprendizado, o que pode levar a uma redução global de cerca de 16 pontos na média da escala de proficiência do Pisa, o teste da OCDE.

No Brasil, uma pesquisa da Fundação Getúlio Vargas (FGV) em 2020, ano em que a pandemia paralisou as aulas presenciais, mostra que: no cenário mais otimista, os alunos dos Anos Finais do Ensino Fundamental devem ter deixado de aprender o equivalente a 14% e, no cenário mais pessimista, 72%. No Ensino Médio, o cenário otimista indica um prejuízo de cerca de 15% no aprendizado e o pessimista, uma perda em torno de 72%.

Com a pandemia, docentes tiveram que repensar estratégias. As TICs, que sempre tangenciaram o ambiente educacional, passaram a ser fundamentais para que a educação não parasse. Os professores começaram a perceber, com mais propriedade, as contribuições fantásticas que as tecnologias oferecem à educação. Entre as muitas possibilidades, adotaram motores de busca inteligentes, a partir de comandos verbais que utilizam a comunicação natural e a tradução multilíngue simultânea. Passaram a usar textos com *hyperlinks*, que propiciam o contato com informações a qualquer momento. As aulas se tornaram mais atraentes a partir do uso de áudio e vídeo, permitindo que os materiais pudessem ser baixados e editados conforme as necessidades de cada aluno ou professor.

O professor passou a viver um processo de quebra de paradigmas, de redução de estigmas e de diminuição de preconceitos e a encarar uma nova forma de ensinar, não mais centrada na sala de aula e nos métodos de ensino utilizados, até então, com relativo sucesso. O que as pesquisas já proclamavam sobre um ensino mais personalizado, no qual o aluno se torna protagonista do seu processo de aprendizagem, encontra, então, um novo espaço de desenvolvimento.

Outra mudança foi no papel do aluno de sujeito passivo para sujeito ativo. E um dos modelos de aulas não presenciais mais bem-sucedidos tem sido aquele que combina as atividades dos professores, aulas ao vivo e/ou gravadas, indicações de vídeos, textos, músicas e outros recursos, com o desenvolvimento de projetos pelos alunos, inclusive de forma cooperada, com colegas.

Essa mudança vai ao encontro de estudos do pesquisador Scott Freeman e um grupo de colegas professores da Universidade de Washington, que revelaram que as abordagens de ensino que transformam os alunos em participantes ativos, em vez de apenas ouvintes, reduzem consideravelmente as taxas de reprovação, em função de uma aprendizagem mais efetiva (FREEMAN, 2014).

Não faz mais sentido que jovens se desloquem de um canto para outro e se amontoem em salas de aulas com cem ou mais alunos, realidade em muitas Instituições de Ensino Superior (IES). Pesquisas têm mostrado que o futuro da educação é o hibridismo: quando alunos assistem às aulas e fazem atividades não presenciais, mas também têm momentos de convívio com professores e colegas.

Essa junção já vinha dando bons resultados na Educação Superior, principalmente nas grandes IES. Agora, avança a passos largos em instituições educacionais de modo geral.

1. ENSINO HÍBRIDO: PERSONALIZAÇÃO E TECNOLOGIA DA EDUCAÇÃO

Associadas às questões da resistência e da falta de hábito ou de competência em lidar com as novas tecnologias na educação, estão as questões financeiras. O mundo vive e ainda viverá longas crises econômicas e, por isso, "cada tostão" investido pelos pais e alunos precisa dar retorno.

Assim, a Educação Híbrida ou "mediada por novas tecnologias" pode contribuir para tornar a educação menos cara, uma vez que é produzida em escala. A melhor forma de produzirmos educação em escala é com o auxílio de tecnologias, pois elas podem alcançar os alunos em qualquer lugar e a qualquer hora.

É importante conhecermos os conceitos e definições das novas expressões utilizadas na educação, que têm causado alguma confusão, tanto nas escolas quanto nas universidades: educação a distância, educação mediada por tecnologias, atividades pedagógicas não presenciais e ensino remoto.

Educação a Distância (EAD), segundo definição do Ministério da Educação do Brasil:

> É a modalidade educacional na qual alunos e professores estão separados, física ou temporalmente e, por isso, faz-se necessária

a utilização de meios e tecnologias de informação e comunicação. Essa modalidade é regulada por uma legislação específica e pode ser implantada na Educação Básica (Educação de Jovens e Adultos, Educação Profissional Técnica de Nível Médio) e na Educação Superior (BRASIL, 2018b).

Ainda de acordo com o MEC, a Educação Presencial Mediada por Tecnologia:

> [...] permite a realização de aulas a partir de um local de transmissão para salas localizadas em qualquer lugar do país e do mundo. Seus pressupostos imprescindíveis são aula ao vivo e presença de professores, tanto em sala quanto no estúdio (BRASIL, 2018b).

Segundo o Parecer n. 5/2020, da Câmara Plena do Conselho Nacional de Educação (BRASIL, 2020c), as atividades que não estão na modalidade presencial são atividades realizadas para garantir o atendimento escolar essencial durante o período de suspensão das aulas presenciais na Educação Básica ou no Ensino Superior, seja com mediação tecnológica ou não. O Ensino Remoto pode ser considerado um conjunto de aulas realizadas, usando tecnologias ou não, com o objetivo de engajar os alunos em atividades educativas.

O Centro para Inovação da Educação Brasileira (CIEB) apresenta uma série de estratégias para a implantação do Ensino Remoto (CIEB, 2020). Resumidamente, elas são:

- Transmissão de aulas por meio de canais de televisão;
- Desenvolvimento de conteúdos e compartilhamento por meio de perfis em redes sociais institucionais (WhatsApp, Facebook, YouTube, Instagram/IGTV etc.);
- Apresentação de aulas *on-line* ao vivo e por meio de plataformas especiais ou mesmo em redes sociais;

- Compartilhamento de conteúdo e recursos digitais em ambientes *on-line* por meio de PDFs, *games*, vídeos etc.;
- Plataformas educacionais, denominadas Ambientes Virtuais de Aprendizagem, com organização e disponibilização de conteúdos e avaliações pelos professores dos estudantes;
- Transmissão de aulas por meio de emissoras de rádio;
- Encaminhamento, para a residência dos alunos, de material impresso com os conteúdos educacionais necessários, para que os alunos realizem suas atividades de maneira autônoma.

A Educação Híbrida

Podemos definir como uma abordagem que mescla práticas pedagógicas (ou atividades de aprendizagem) *on-line* e *off-line*. A expressão vem da língua inglesa, *blended learning*, significando "aprendizagem combinada". Nessa modalidade, há momentos em que o aluno estuda sozinho e outros em que estará em aula com os colegas, seja por meio virtual ou presencial. A ideia é que, no modelo híbrido, professores e estudantes possam ensinar e aprender em tempos e locais variados.

É comum que, durante a parte não presencial, o estudante necessite de recursos digitais que auxiliem nas atividades. Nesse caso, contudo, o aluno tem mais autonomia para realizar as atividades, podendo escolher como, quando, onde e com quem irá estudar. Nas aulas presenciais, porém, é o professor que conduz as atividades e as interações entre os alunos (PORVIR, 2013).

O Ensino Híbrido pode ser compreendido como um programa educacional formal em que duas modalidades educativas estão conectadas para fornecer uma experiência de aprendizagem integrada: em uma, os alunos aprendem por meio do ensino não presencial (*on-line*), em que o estudante tem certo controle sobre o tempo, o lugar, o meio e/

ou o ritmo; na outra, eles aprendem no ensino presencial, em um local físico supervisionado, geralmente na escola (HORN; STAKER, 2015).

Sendo assim, pode ser considerado o modelo que possibilita maior personalização do ensino, pois facilita a combinação, de forma sustentada, do ensino *on-line* com o presencial.

De acordo com Moran (2015, p. 2),

> [...] o currículo é mais flexível, com tempos e espaços integrados, combinados, presenciais e virtuais, nos quais nos reunimos de várias formas [...], com muita flexibilidade, sem horários rígidos e o planejamento engessado [...].

A seguir, apresentamos as dez principais concepções norteadoras do Ensino Híbrido, mas convém considerarmos que ainda não tínhamos vivido a experiência desse modelo, motivada pela pandemia, quando essas concepções foram propostas. São elas:

1. A personalização do ensino e da aprendizagem, integradas ao uso de tecnologias digitais, oferece ao estudante a oportunidade de mover-se gradativamente para o papel de protagonista no processo da construção do conhecimento;
2. Existem inúmeras formas de aprender e ensinar em uma sociedade predominantemente heterogênea, que contém uma ampla gama de recursos à sua disposição;
3. Para haver mudança na cultura escolar, é fundamental considerar aspectos como o papel do professor, a valorização da autonomia do aluno, a organização do espaço escolar, as novas formas de avaliação e o envolvimento da gestão da escola;
4. A personalização do aprendizado é garantida pelos usos das tecnologias digitais nos mais diferentes espaços escolares, trazendo como principais benefícios a motivação e a maximização do aprendizado;

5. A ação docente é fundamental para a organização e o direcionamento da proposta pedagógica e, para atender às demandas reais da sala de aula, o professor deve assumir o papel de articulador e *coach*;
6. Os espaços de aprendizagem devem ser organizados e adaptados para atender às necessidades dos alunos e precisam ser ampliados, por meio das tecnologias digitais, para possibilitar vivências compartilhadas;
7. A avaliação é um ponto nevrálgico a ser discutido na proposta do Ensino Híbrido, pois é ela que possibilita a identificação do caminho a seguir e, a partir dela, as ações pedagógicas podem ser planejadas;
8. As tecnologias digitais são apresentadas como um recurso para a personalização do ensino, como é o caso das plataformas adaptativas;
9. Os gestores devem refletir sobre a importância de um Projeto Político-Pedagógico que contemple o uso das tecnologias digitais como meio, não como fim em si mesmas, e esteja amparado pela metodologia adequada;
10. A cultura escolar na era da educação digital deve refletir, em todos os atores envolvidos no processo educacional, as diferenças entre modelos sustentados e disruptivos de implementação de tecnologias digitais procurando ressignificar a cultura escolar arraigada.

Desafios na implantação dos modelos de Ensino Remoto e Híbrido

A escolha da tecnologia é um item crucial. Existem centenas de boas soluções para o trabalho com a educação a distância. Porém, a escola deverá avaliar quatro aspectos fundamentais: se o prazo de implantação está adequado ao período desejado; se a solução é simples o suficiente para ser utilizada com um processo de orientação e capacitação a pais e professores; se *softwares* e plataformas são robustos para funcionarem satisfatoriamente e se a relação custo-benefício é favorável. Existem, porém, outros aspectos que envolvem fatores humanos nesse processo.

O engajamento dos pais

A escola precisa ter os pais como aliados do Ensino Remoto e do Híbrido. Se o comprometimento dos pais no processo de aprendizagem de seus filhos já é evidente no ensino presencial, quando eles estão sob os olhos atentos dos professores, imagine a importância nas atividades remotas e híbridas. Neste momento, não há metodologia ou tecnologia que dê conta da situação sem o apoio incondicional dos pais.

Ter as famílias como parceiras no processo de ensino sinaliza o que está dando certo ou errado nesse processo. As escolas muito próximas dos pais e com um relacionamento aberto com as famílias têm levado grande vantagem.

Quanto mais novos os alunos são, maior será a relevância dos pais nesse processo. Para isso, as escolas de Educação Infantil ou que trabalham com os Anos Iniciais do Ensino Fundamental precisam ter um canal eficaz de comunicação com pais, de forma a retroalimentar o sistema, com críticas e sugestões sobre o método de ensino, para fazer ajustes e corrigir os erros rapidamente. Diante da inexperiência das escolas com a educação a distância, as metodologias provavelmente serão implementadas e ajustadas por tentativa e erro, logo, quanto mais rápidos os ajustes de rota, melhor.

O comprometimento dos professores

Os professores precisam enfrentar grandes desafios, entre os quais destacamos três.

1. O uso das novas tecnologias — O setor educacional, em especial o da Educação Básica, sempre foi refratário à incorporação das TICs nos processos de ensino e aprendizagem. Contudo, da noite para o dia, esse setor precisou incorporá-las, tendo o professor como o grande protagonista nesse cenário.
2. Tempo de preparo e execução das aulas — Planejar e desenvolver uma aula remota dá muito mais trabalho que uma presencial, pois uma aula estruturada e sistematizada requer do professor um planejamento melhor, o que exige mais tempo. Além disso, a falta de habilidade com as tecnologias, especialmente nos momentos de implantação do Ensino Remoto e Híbrido, exigirá dos professores maior dedicação e tempo para o seu uso.
3. Exposição — No Ensino Remoto, o professor está exposto ao julgamento dos pais. Ao ensinar os princípios das ciências exatas a seus alunos, ele, ao mesmo tempo, é avaliado por pais engenheiros, com domínio do assunto. Ao ensinar sobre o comportamento humano, é avaliado por pais psicólogos ou médicos psiquiatras, e assim por diante.

A escolha da metodologia

Muitos dos desafios apresentados podem ser minimizados com a implantação de uma metodologia adequada ao Ensino Remoto e ao Híbrido. Quando isso ocorre, a escola ganha a confiança dos pais, o que melhora seu engajamento, traz segurança ao trabalho dos professores e favorece o processo motivacional dos alunos.

Ao pensarmos sobre aspectos metodológicos, várias questões devem ser analisadas:

- Trabalha-se integralmente com o mesmo conteúdo que seria apresentado presencialmente ou apenas com parte dele?
- Adota-se uma única metodologia para toda a escola ou metodologias diferentes em função da idade dos alunos?
- Utiliza-se o mesmo material nas aulas presenciais ou um novo material didático?
- Que tecnologias darão suporte à implantação da(s) metodologia(s)?

Outro aspecto a ser ponderado no planejamento metodológico é a avaliação da aprendizagem, que se torna muito mais difícil no Ensino Remoto.

Um dos aspectos centrais da discussão metodológica é a sincronicidade ou a assincronicidade das aulas, ou seja, se serão ao vivo ou gravadas; ambas têm vantagens e desvantagens.

Todavia, por mais que adotemos jogos, *quizzes* e outras estratégias de avaliação disponíveis em plataformas digitais, nada se compara à observação do professor em sala de aula.

2. ATIVIDADES SÍNCRONAS E ASSÍNCRONAS

Uma atividade síncrona é aquela em que professor e aluno participam da aula ao mesmo tempo e no mesmo ambiente, nesse caso, o virtual; por isso, muitas pessoas a denominam "aula ao vivo".

Em uma atividade assíncrona, para que as tarefas sejam concluídas e a aprendizagem realizada, professor e aluno não trabalham ao mesmo tempo.

Um dos benefícios das aulas síncronas diz respeito ao engajamento dos alunos, que podem tirar suas dúvidas em tempo real, no momento em que elas surgem. Outro ganho significativo é a socialização entre alunos e professores, uma vez que, dependendo da tecnologia, eles podem enxergar uns aos outros, compartilhar informações, conversar uns com os outros etc.

As aulas síncronas, porém, também trazem desvantagens. Uma delas é a exposição de possíveis fragilidades do corpo docente: um erro durante uma aula síncrona, seja de conteúdo, seja gramatical, pode ser notado por pais ou outros agentes.

Um problema que pode afetar os pais ou tutores dos alunos mais novos é que as aulas síncronas normalmente exigem que os adultos participem das atividades escolares, o que pode conflitar com as obrigações profissionais deles, pois muitos trabalham em modo *home office*.

Quanto às aulas assíncronas, o engajamento dos alunos é considerado um elemento complicador, pois tendem a reduzir os vínculos entre o aluno e o professor, assim como entre o aluno e seus colegas. Ainda não existem pesquisas robustas sobre o tema, mas há indícios de que as escolas que migraram das atividades assíncronas do início da pandemia para as síncronas, posteriormente tiveram maior engajamento e participação de pais e alunos no processo do Ensino Remoto.

Por outro lado, há a possibilidade de realizar um controle de qualidade. Uma aula assíncrona tem características que se assemelham a um processo industrial: entre a produção de um bem e a utilização dele pelo consumidor, há um espaço de tempo que facilita a criação de controles que garantirão a qualidade do produto.

Uma aula gravada pode passar pela avaliação do próprio professor ou de outros profissionais da escola, o que favorece a correção de eventuais equívocos, antes de chegar aos alunos.

Outro ponto positivo é que o assincronismo permite que professores, pais e alunos se dediquem às atividades pedagógicas quando lhes convier. Além disso, possibilita que os alunos desenvolvam suas atividades de aula conforme o seu tempo e ritmo de aprendizagem, o que sempre foi defendido pelos educadores, mas é de difícil implementação nas aulas presenciais.

A partir dessas considerações, fica evidente que não há receitas simples para as escolas construírem uma proposta metodológica, seja para o Ensino Remoto, seja para o Híbrido.

É fundamental que as propostas integrem momentos síncronos e assíncronos com equilíbrio e dosagem, nem sempre fáceis de serem estabelecidos. Isso vai depender muito do perfil e da idade dos alunos, das tecnologias que eles têm em suas casas, das condições socioeconômicas dos pais e da proposta pedagógica da escola, entre outros fatores.

Dependendo do perfil da escola, pode haver necessidade de implantar mais de um modelo metodológico para responder às suas demandas. Uma proposta exitosa, que seja apropriada para os alunos do Ensino Médio, possivelmente seria desastrosa se fosse implantada da mesma forma para os alunos dos Anos Iniciais do Ensino Fundamental.

3. INTEGRAÇÃO DAS TECNOLOGIAS DIGITAIS AO CURRÍCULO ESCOLAR

O aprendizado propiciado pelo Ensino Remoto ou pelo Híbrido é mais personalizado, mais dinâmico. E o mais importante: confere a pais e professores a possibilidade de acompanharem o processo de aprendizado e o engajamento do aluno. A partir dessas evidências, os educadores conseguem fazer intervenções mais rápidas.

Vale notar que o cenário das aulas *on-line*, que levou a sala de aula para dentro de casa, forçou as famílias a acompanharem o processo de educação das crianças e adolescentes mais de perto e gerou uma aproximação maior.

Hoje, os pais podem assistir às aulas dos professores e saber o nível de engajamento dos filhos, o que é uma grande mudança, e é pouco provável que os pais abram mão de ter essa proximidade no futuro.

É importante reforçar que o Ensino Remoto só faz uso do ensino totalmente a distância, podendo utilizar as tecnologias digitais ou não. Nessa modalidade, não há momentos presenciais, a ideia é que os educadores e os estudantes possam ensinar e aprender em tempos e locais variados. Por outro lado, quando consideradas a presencialidade e a não presencialidade dos alunos, há vários modelos de Ensino Híbrido. Cada qual tem as suas próprias vantagens e desvantagens, bem como suas complexidades e dificuldades na implantação.

Cada escola ou sistema de ensino pode utilizar um modelo único ou combinar mais de um modelo de ensino híbrido-remoto na sua proposta pedagógica. Contudo, para escolher o modelo mais adequado e que melhor atenda ao processo de aprendizagem dos alunos, tanto em qualidade quanto em abrangência, cada escola deve analisar a sua infraestrutura física e tecnológica, assim como de que recursos professores e alunos dispõem.

4. MODELOS DE ENSINO REMOTO E DE ENSINO HÍBRIDO

Os modelos de Ensino Remoto e de Ensino Híbrido a seguir foram desenvolvidos pelo Instituto Casagrande (CASAGRANDE; CASAGRANDE, 2020).

Modelo Remoto Elementar

Totalmente remoto, sem encontros presenciais com os alunos e sem exigir o uso de tecnologias digitais. Nesse modelo, a escola repassa periodicamente o material de estudo e as atividades impressas para os alunos, normalmente por meio dos pais dos estudantes. Estes, por sua vez, realizam seus estudos e desenvolvem as atividades de acordo com um cronograma. Esse modelo, chamado de "elementar" em face de sua simplicidade e sua limitação, foi muito utilizado por escolas públicas no ano de 2020 como forma de fazer chegarem materiais aos alunos que não tinham acesso a tecnologias digitais (computadores, celulares e *tablets*).

Uma das maiores vantagens desse modelo é a facilidade de implementação e a sua capacidade de alcançar os alunos mais carentes, sem acesso a tecnologias digitais. Uma das desvantagens, contudo, é a pouca interatividade entre professores e alunos, o que resulta em menos engajamento por parte dos estudantes. Essa limitação explica, em parte, a evasão escolar que ocorreu nas instituições que fizeram uso somente deste modelo.

Modelo Remoto Síncrono

Também é totalmente remoto, mas exige o uso de tecnologias digitais, pois o professor ministra e desenvolve aulas e atividades ao vivo, utilizando alguma plataforma de transmissão síncrona, como faria em sala de aula. Os alunos geralmente não têm os conteúdos "sacrificados", ou seja, todo conteúdo previsto no currículo é ministrado, já que todas as aulas são desenvolvidas como se fossem presenciais. A diferença significativa é que, em vez de o professor ministrar uma aula presencial, ele o faz por meio de alguma plataforma digital, com todos os alunos assistindo ao vivo.

Esse modelo é o que vem sendo mais utilizado por Instituições de Ensino Superior (IES) que não ofertavam cursos de EAD antes da pandemia, com as seguintes vantagens: implementação fácil e alta interação com alunos, o que aumenta o engajamento com as tarefas. Como desvantagens, a exigência de que alunos e professores tenham boa conexão com a internet e a exaustão causada pelo tempo excessivo em atividades *on-line*, o que o faz não muito adequado para crianças.

Modelo Remoto Assíncrono

Nada é trabalhado de forma síncrona. É totalmente remoto e requer o uso de tecnologias digitais. O professor constrói o material de estudo (videoaulas próprias ou de terceiros, textos, materiais de apoio, atividades etc.) e o disponibiliza em algum Ambiente Virtual de Aprendizagem (AVA), que o aluno pode acessar quando lhe convier.

É o modelo mais utilizado nos cursos superiores na modalidade EAD. Tem como vantagens principais a possibilidade de adequar-se à rotina familiar, pois os alunos e seus pais podem programar o melhor horário para os estudos; e a condição de uma melhor produção do material.

Entre as desvantagens desse modelo estão a pouca interatividade com os alunos; e um maior tempo gasto na preparação das atividades em relação ao trabalho síncrono, podendo acarretar excesso de trabalho para os professores.

Modelo Remoto Síncrono-Assíncrono ou Modelo Remoto Misto

Como o próprio nome diz, combina aulas e atividades síncronas com assíncronas. Parte do conteúdo é trabalhado sincronicamente (ao vivo) e a outra parte, de forma assíncrona. Uma possibilidade interessante é trabalhar os conteúdos totalmente de forma assíncrona e utilizar os momentos síncronos para promover interação entre alunos, tirar dúvidas e discutir os temas apresentados assincronicamente.

Esse modelo elimina a falta de engajamento dos alunos, como é comum quando o conteúdo é trabalhado totalmente de forma assíncrona; porém, continua trazendo a desvantagem de exigir muito tempo do professor na preparação das atividades.

Modelo Híbrido Presencial Síncrono

Caracterizado pela combinação das atividades presenciais na escola com as não presenciais. Aqui, a escola deve considerar o espaço das salas de aula e subdividir as turmas em subgrupos.

Em cada etapa (parte de um dia de aula, dia inteiro de aula, sequência de dias de aula, semana etc.), um dos subgrupos de alunos vai para a escola para ter aula presencial e os demais subgrupos ficam em casa, onde terão aulas *on-line*. Os professores ministram as aulas na escola, com a presença de um subgrupo de alunos e, simultaneamente, a mesma aula é transmitida para os alunos que estão em casa, por meio de alguma plataforma.

Assim, todos os alunos assistem à mesma aula e ao mesmo tempo. Há sistemas em que, enquanto ministra a sua aula presencial, o professor pode visualizar os alunos em suas casas, possibilitando uma interação satisfatória com os alunos que não estão presentes na escola.

Em cada etapa, os subgrupos vão se alternando, permitindo que todos os alunos tenham parte das suas aulas presencialmente e parte delas em forma síncrona. Nas escolas em que um mesmo professor possui mais de uma turma, elas podem ser unificadas, um recurso que permite otimizar o tempo do professor.

Os pontos positivos são: grande interação com os alunos e facilidade logística de implementação. O grande obstáculo desse modelo é a exigência de que as salas de aula tenham infraestrutura tecnológica que possibilite a transmissão das aulas ao vivo. Outro ponto negativo é ser cansativo para os alunos que estão em casa, pela duração das atividades *on-line*.

Modelo Híbrido Presencial Assíncrono

É mais um modelo que combina atividades presenciais com não presenciais. Muito similar ao Modelo Híbrido Presencial Síncrono, porém, em vez de serem transmitidas ao vivo, as aulas são gravadas. Desse modo, os alunos na escola assistem às aulas ao vivo, enquanto os que estão em casa assistem às mesmas aulas, gravadas, em momento posterior.

Nesse caso, será necessária alguma plataforma em que o professor possa disponibilizar as aulas gravadas aos alunos. Mesmo aqueles que assistiram às aulas presencialmente poderão revê-las gravadas.

Esse modelo apresenta praticamente as mesmas vantagens e desvantagens do modelo anterior, mas a exigência tecnológica é diferente. Em vez de ser necessária a conexão com a internet para a transmissão das aulas presenciais, será preciso algum sistema de armazenamento e disponibilização das aulas gravadas.

Uma das nossas sugestões é editar as aulas gravadas (cortar as partes desnecessárias) antes que elas sejam liberadas para os alunos. Em relação ao modelo anterior, uma das vantagens é que os professores não precisam interagir com os alunos que estão em casa, podendo dedicar mais atenção aos que estão em sala de aula. No entanto, para os alunos que não estão na escola, o processo pode ficar monótono e gerar desmotivação.

Modelo Híbrido Presencial Replicado

Assim como nos dois modelos anteriores, esse também combina atividades presenciais e não presenciais e exige a criação de subgrupos de alunos. Nesse modelo, o professor separa parte dos conteúdos para ser trabalhado presencialmente e parte para ser trabalhado de forma assíncrona.

A quantidade de conteúdo dependerá da quantidade de subgrupos. A parte do conteúdo para ser trabalhada de forma presencial será ministrada para todos os alunos, de modo alternado, ou seja, a mesma aula é replicada, presencialmente, para os subgrupos. Assim, todos os alunos assistem à mesma aula presencial, só que em períodos (aulas, dias ou semanas) diferentes.

As atividades assíncronas podem contemplar videoaulas, textos, exercícios e avaliações e ser encaminhadas para os alunos de forma impressa (o que não exige tecnologias digitais ao aluno) ou disponibilizadas em algum ambiente virtual de aprendizagem.

Como vantagens, a facilidade de implementação e a não exigência de tecnologias digitais por parte dos alunos. A desvantagem é que prejudica os alunos que não conseguirem ir às aulas presenciais, o que não ocorre nos modelos apresentados anteriormente.

Modelo Híbrido Presencial de Suporte

O professor trabalha com todos os conteúdos remotamente, de forma síncrona ou assíncrona, possivelmente utilizando um dos quatro primeiros modelos aqui apresentados. Os momentos presenciais são apenas para atividades extracurriculares, de apoio pedagógico, de avaliação da aprendizagem e de reforço ou recuperação.

Além de não exigir complexidade no seu planejamento e na infraestrutura tecnológica nas escolas, esse modelo não prejudica tanto os alunos que não conseguem ir às aulas presenciais. Por outro lado, dependendo da metodologia adotada pela escola, o Modelo Híbrido Presencial de Suporte vai exigir mais trabalho do professor no planejamento das atividades, além de uma infraestrutura tecnológica em sua casa e nas dos alunos.

Modelo Híbrido Segmentado

Aqui, o professor criará dois subgrupos, não necessariamente do mesmo tamanho. Por exemplo, o subgrupo A é formado por alunos que preferem aulas remotas ou que não têm condições de assistir às aulas presenciais. O subgrupo B é formado por alunos que desejam e podem ter aulas presenciais.

Com o subgrupo A, o professor trabalhará todo o conteúdo de forma remota, possivelmente utilizando um ou mais dos quatro primeiros modelos aqui apresentados. Com o B, trabalhará o conteúdo todo de forma presencial.

Para os alunos que assistirem às aulas remotamente, as desvantagens do Modelo Híbrido Segmentado são as mesmas dos modelos remotos apresentados anteriormente.

Outro item a ser considerado é a jornada do professor. Por lidar praticamente com duas turmas distintas, a carga horária dele pode ficar comprometida. Há que se ter cuidado com a escolha desse modelo, pois ele poderá aumentar a desigualdade da aprendizagem, visto que há possibilidade de os alunos com aulas presenciais aprenderem mais do que aqueles que assistirem às aulas remotamente. Também poderá haver problema se o número de alunos que desejarem assistir às aulas presenciais for maior que a capacidade da sala.

Modelo Híbrido Pleno

A criação de subgrupos não é necessária quando o número de alunos em relação ao tamanho da sala de aula possibilitar à turma inteira assistir à aula presencial junta. Podem-se implantar os modelos híbridos tradicionais, que exigem a presencialidade simultânea de todos os alunos, ou combinar algum outro modelo já exposto aqui. Possivelmente, esse é o modelo que permanecerá após a pandemia.

CAPÍTULO 3

PRÁTICAS DE ENSINO E APRENDIZAGEM PARA A NOVA EDUCAÇÃO

"A função da educação é ensinar a pensar intensamente e criticamente."

Martin Luther King Jr.

Docência pressupõe doação. Doação de atenção, de argumentos, de questionamentos, de emoção; da melhor técnica; de propósitos. Portanto, a melhor metodologia, técnica ou prática pedagógica será sempre aquela que nos conduza aos nossos objetivos.

Assim sendo, é necessário refletirmos sobre velhas e novas fórmulas de apresentar os velhos saberes e construir os novos, à medida que os processos de ensino e aprendizagem vão se desenvolvendo. Tradição e inovação não excluem uma à outra, mas dialogam entre si. Na busca de uma educação que gere mais entusiasmo, faça mais sentido e se encaixe no hibridismo, o professor deve assumir o compromisso de promover tal diálogo.

E vale reforçar que alunos não aprendem da mesma maneira. Dependendo da disciplina, do conteúdo ou da atividade, as metodologias não funcionam da mesma forma. O que dá certo em uma turma, às vezes, não dá certo em outra; o que funciona com um estudante pode não funcionar tão bem assim com outro. Tudo isso levanta dúvidas e traz insegurança para os professores, e é natural que assim seja. Por isso, o ideal é que os professores não se limitem a usar apenas um método e não tenham medo de experimentar novas abordagens. Utilizar várias metodologias transforma os professores em geradores de mudanças nos processos de ensino e aprendizagem, propiciando melhores resultados aos seus alunos.

Alguns professores, porém, ainda têm dificuldade para definir quais métodos utilizar. A sugestão é que esses profissionais troquem ideias com seus pares e se dediquem à educação continuada, com o coração e a mente abertos a inovações.

1. METODOLOGIA TRADICIONAL

O método tradicional tem o professor como foco central, em uma relação vertical de exposição de conhecimentos e cobrança do conteúdo. O aluno geralmente acompanha a matéria por meio de aulas expositivas, seguidas de trabalhos avaliativos e aplicação de provas. Esse método é reconhecidamente passivo, pois só o docente é o protagonista da educação.

Surgido na Europa, por volta do século 18, o método tradicional adota um tipo de ensino que procura "formatar" os estudantes. Há bastante rigidez quanto a normas e condutas disciplinares, as aulas expositivas são a principal forma de levar o conteúdo e a "avaliação" valoriza a quantidade de informações absorvidas, com provas para verificar quanto o aluno conseguiu memorizar.

A aula expositiva ainda é muito presente, tanto na Educação Básica quanto na Superior, e está no cerne da tradição conteudista, tida como ultrapassada e acrítica desde as décadas de 1960 e 1970.

É importante ressaltar que a aula expositiva tem contribuições a dar, e não são poucas, mas não podemos nos limitar a uma aula de mão única, em que só o professor fala e o aluno escuta. Portanto, se houver aula expositiva, que seja dialogada. Para realizá-la, valem as seguintes orientações:

- O professor deve ter voz firme, clara, bem articulada;
- A apresentação do tema deve ser simples, objetiva e original;
- A comunicação do professor deve ser compreensível, com pausas ao longo da fala e ênfase nos fatos mais importantes;
- É importante contextualizar cada tema, relacionando-o com a realidade dos alunos, dando o maior número de exemplos possível e, quando necessário, fazer resumos e revisões;
- A exposição precisa ser adequada às idades dos alunos e ao tempo de aula;
- Observação das reações dos alunos;
- O professor deve colher *feedback* constante sobre as suas exposições pelas expressões e linguagem corporal dos alunos (demonstrações

de interesse ou não) e, em alguns casos, perguntando aos estudantes sobre o andamento da aula;
- Perguntas e diálogos sobre o tema devem ser estimulados;
- O professor não pode simplesmente fazer a leitura de fichas, *slides*, textos ou outro recurso, a apresentação precisa ser natural e espontânea;
- Sempre que possível, o tema apresentado deve ser ilustrado com revistas, jornais, vídeos e outros recursos disponíveis.

O ideal é combinar métodos, de acordo com as situações e condições das escolas, dos professores e dos estudantes. Qualquer método, quando utilizado de forma isolada e sem dialogar com os demais, torna-se reducionista. Hoje, há a necessidade de combinar diferentes métodos e, em alguns casos, inclusive a associação dos métodos tradicionais com os novos, nos quais os alunos são mais ativos no processo de aprendizagem.

2. METODOLOGIAS ATIVAS

Na era do Ensino Remoto e da implementação da Educação Híbrida, a modalidade de ensino que mescla encontros presenciais (síncronos) e encontros *on-line* (assíncronos), as metodologias ativas ganham espaço. Elas colocam o aluno como protagonista no processo de aprendizagem, ajudando a destacar as habilidades e competências individuais. Também promovem a pedagogia da autonomia, pois abrem espaço para a participação, o diálogo, a reflexão, a formação do senso crítico e o respeito às diferentes opiniões, seja em sala de aula, no ambiente *on-line* ou em qualquer outro âmbito social.

Quando bem implementadas, as metodologias ativas despertam o interesse pelo desenvolvimento de novos conceitos e a busca por novos conteúdos por parte dos alunos, estimulando a autoaprendizagem.

Apesar de tidas como novidade, especialmente em função do hibridismo, as metodologias ativas vêm sendo debatidas há décadas. Pesquisadores como Dewey, Piaget, Montessori, Freinet, Vigotski, Rogers, Freire e outros enfatizaram que os processos de ensino e de aprendizagem têm mais significado quando há interação do estudante com o meio.

Estudos recentes têm confirmado que o aprendizado ativo é mais eficaz do que o passivo. Entre as pesquisas mais propagadas está a Teoria da Pirâmide de Aprendizado, elaborada pelo psiquiatra americano William Glasser (1925-2013). Há uma certa controvérsia em relação à formulação dessa teoria: enquanto alguns apontam Glasser como o criador, outros a atribuem a Edgar Dale (1900-1989), que chamou o estudo de Cone da Aprendizagem, ou ainda ao National Training Laboratories Institute, um centro de psicologia comportamental que reivindica para si o trabalho de Dale de 1969 (LETRUD, 2012).

O Cone da Aprendizagem de Dale (1969) mostra a ordem da eficácia de diferentes modos de aprendizagem, sendo menos efetiva com os tópicos no alto do cone (símbolos verbais) e mais efetiva nos da base (aprendizado mais próximo do cotidiano). Esse cone — cujo objetivo era explicar as vantagens da incorporação de materiais audiovisuais às aulas, mas não mostrava porcentagens — foi apresentado com uma sugestão do autor: que o Cone não fosse usado de modo rigoroso ou literalmente interpretado, por não ter sido construído com base em evidência empírica.

No caso da Pirâmide de Aprendizado de Glasser (2001), é apresentada uma representação gráfica, indicando as porcentagens de retenção de conhecimento em relação à atividade educacional realizada. Segundo essa teoria, os alunos aprendem cerca de 10% quando leem, 20% ao escreverem, 50% quando observam e escutam, 70% ao discutirem o assunto com outras pessoas, 80% se praticarem e 95% ao ensinarem algo a alguém. Podemos concluir que os métodos mais eficientes de aprendizagem fazem parte das abordagens utilizadas nas metodologias ativas.

Cientificamente não é possível identificar, com porcentagens tão exatas, o quanto se aprende em cada tipo de atividade. No entanto, os métodos ativos de contato com o conteúdo escolar são comprovadamente melhores do que o consumo passivo de informação.

Segundo o professor José Moran (2013), dentre as diversas estratégias que podem ser usadas para a construção de ambientes para aprendizagem ativa em sala de aula, destacam-se:

- Discussão de temas e tópicos de interesse para a formação profissional;
- Trabalho em equipe com tarefas que exijam colaboração de todos;
- Estudo de casos relacionados às áreas específicas de formação profissional;
- Debates sobre temas da atualidade;
- Tempestade de ideias (*brainstorming*) para buscar a solução de um problema;
- Produção de mapas conceituais para esclarecimento e aprofundamento de conceitos e ideias;
- Modelagem e simulação de processos e sistemas típicos da área de formação docente;
- Criação de *sites* ou ingresso em redes sociais visando à aprendizagem cooperativa;
- Elaboração de questões de pesquisa nas áreas científica e tecnológica.

Moran (2013) destaca que a aprendizagem se dá num processo equilibrado entre a construção individual (cada aluno percorre seu caminho), a grupal (os alunos aprendem com seus semelhantes e pares) e a orientada (os alunos aprendem com alguém mais experiente, um especialista ou professor).

A seguir, modelos de metodologias ativas e abordagens mais frequentes que, quando bem aplicados, têm gerado bons resultados.

A **Aprendizagem Baseada em Problemas** (*Problem Based Learning* ou *PBL*) é uma metodologia ativa que associa o aprender ao fazer. A aprendizagem ocorre de forma coletiva, partindo da discussão de uma pergunta complexa ou de um problema a ser resolvido em grupo. As principais etapas da PBL são:

1. **Observação da realidade**: os alunos analisam o problema;
2. **Identificação dos pontos-chave do problema**: os alunos desmembram o problema em partes menores;
3. **Teorização**: os alunos pesquisam as teorias abordadas ou contribuem para o entendimento e a solução;
4. **Hipóteses de solução**: a partir do estudo teórico e da análise das possibilidades, são levantadas soluções;
5. **Aplicação à realidade**: os alunos fazem uso daquilo que aprenderam.

O **Estudo de Caso** é uma prática derivada da PBL, que oferece aos estudantes a oportunidade de eles mesmos dirigirem sua própria aprendizagem, explorando seus conhecimentos em situações relativamente complexas, muitas vezes baseadas no mundo real. Geralmente utilizado com alunos mais maduros, do Ensino Médio e da Educação Superior, é recomendável também para a formação de professores e gestores educacionais.

A **Aprendizagem Baseada em Projetos (ABP)** (em inglês, *Project Based Learning*) é bastante similar à Aprendizagem Baseada em Problemas. Ela propõe que os alunos desenvolvam um projeto, construindo o conhecimento por meio da solução colaborativa de desafios.

O aluno explora as soluções possíveis em determinado contexto, seja utilizando novas tecnologias, seja por meio de outros recursos disponíveis, o que incentiva o desenvolvimento de um perfil investigativo e crítico. Para isso, o professor não deve expor toda a temática a ser trabalhada, de modo que os alunos busquem os conhecimentos por si próprios. É necessário, porém, que o educador dê *feedback* dos projetos e mostre erros e acertos.

Segundo Bender (2014), a ABP é uma metodologia de ensino que permite que os alunos confrontem as questões e os problemas do mundo real que consideram significativos, determinando como abordá-los e agindo de forma cooperativa em busca de soluções. Entre as possibilidades geradas no desenvolvimento de projetos, Balzan (2015) destaca:

- Visão ampla sobre a área a ser pesquisada;
- Entrevistas com diferentes pessoas;
- Trabalho com dados coletados;
- Análise de conteúdo;
- Leituras, estudos e estabelecimento de conexões;
- Cumprimento de prazos;
- Elaboração de relatórios;
- Incentivo à pesquisa e ao estudo autônomo por parte do aluno;
- Trabalho em equipe.

No caso da **Sala de Aula Invertida** (do inglês *Flipped Classroom*), os alunos têm acesso aos objetos de aprendizagem antes da aula propriamente dita.

No momento chamado pré-aula, os estudantes entram em contato com o conteúdo indicado pelo professor, mas de forma autônoma, individual ou em grupos, usando textos, arquivos de áudio e vídeo, *podcasts*, *games* e outros recursos.

Depois, em aula, o professor é responsável por estimular o intercâmbio entre os alunos, tirar dúvidas e mediar debates. A orientação das atividades se dá por meio de exercícios dinâmicos, estudos de caso, desenvolvimento de projetos, resolução de problemas e compartilhamento das experiências individuais de aprendizado com a turma.

No modelo tradicional, o aluno tem uma aula expositiva primeiro e, depois, faz a tarefa de casa sozinho. Na *Flipped Class*, o estudante entra em contato com o conteúdo proposto em casa e faz as tarefas em sala, sob a orientação do professor.

Para haver eficácia na Sala de Aula Invertida, é importante que os alunos possam desenvolver seus estudos fora da sala de aula, na modalidade *on-line*. Caso os estudantes tenham acesso ao mundo virtual, podem percorrer sua trilha de aprendizagem motivados e de forma engajada.

Como vantagens desse método, destacamos:

- **Alunos mais ativos**: ao chegarem na sala de aula, com conhecimento prévio do tema a ser trabalhado, ficam mais interessados e tendem a ser mais ativos. Além disso, usando novas tecnologias, o próprio aluno decide quando, como e onde irá aprender. Então, assume o protagonismo no processo de aprendizagem e ganha a autonomia para desenvolver novas habilidades e conhecimentos.
- **Aproveitamento do tempo**: o tempo de aula presencial é melhor aproveitado e pode até ser mais curto do que o do método tradicional.
- **Uso de materiais mais variados**: os alunos podem fazer o uso de vídeos, jogos, *e-books*, aplicativos e qualquer outro material complementar que possa potencializar o seu processo de aprendizagem, tornando-o dinâmico e inovador, contando sempre com a supervisão de um tutor para ajudá-lo nas dúvidas ou em qualquer outra demanda.

- **Acesso aos materiais**: a Sala de Aula Invertida tem como proposta o aprendizado do aluno no seu próprio ritmo. O acesso (*on-line*) a qualquer tópico para revê-lo sempre que sentir necessidade ajuda a alcançar o seu melhor desempenho.
- **Criatividade**: com ferramentas de ensino *on-line*, os alunos podem criar o seu próprio material de estudo e compartilhá-lo com o grupo. Com isso, o professor tem mais oportunidades de enriquecer os momentos de produção colaborativa.

Cada aluno possui um ritmo diferente para compreender determinados assuntos. Sendo assim, a Sala de Aula Invertida também propicia a participação *on-line* de cada aluno nos grupos colaborativos que mais atendem às suas necessidades. Além disso, a tecnologia favorece a percepção do professor quanto às dificuldades de cada aluno e o momento da aula presencial pode ser usado para ajudá-lo, ou seja, a *Flipped Classroom* pode ser aliada à aprendizagem adaptativa.

Os fóruns, *chats*, museus e laboratórios virtuais favorecem as práticas da Sala de Aula Invertida e ampliam o acesso à educação de qualidade por um custo mais baixo. Essa metodologia começa a se popularizar também na Educação Superior, em razão da forma como propõe a reorganização da instrução de aluno para aluno, além de gerenciar o tempo em sala de aula de forma mais eficiente.

Para que a Sala de Aula Invertida seja eficaz, selecionamos dez tópicos fundamentais para a implementação dessa metodologia:

1. Toda mudança de metodologia é uma quebra de paradigma, o que exige uma dedicação maior, principalmente no início das atividades. É preciso uma boa comunicação com as famílias, com os demais professores e com os próprios alunos. Toda novidade pode causar estranhamento e, se não houver o apoio e o engajamento de todos esses agentes, é grande a chance de algo dar errado.

É fundamental que o professor apresente o novo método, tenha argumentos sobre os seus benefícios e discuta o planejamento das atividades com os envolvidos.

2. Os conteúdos, as instruções e as estratégias são de responsabilidade dos professores, mas os alunos devem ser sempre incentivados a sugerir novas estratégias, mudanças e até mesmo outros conteúdos que tenham relação com o tema estudado.
3. O professor precisa dar *feedback* de forma contínua para que os alunos não se percam no processo.
4. A flexibilidade é um dos pontos-chave do método. O professor não deve se prender muito a roteiros e regras. Como o que funciona em uma turma ou em um nível de ensino pode não funcionar em outro, o professor precisa experimentar, testar, validar e aprender com a implantação da metodologia.
5. O método combina educação e novas tecnologias. Portanto, é essencial que o professor domine essas tecnologias. Ele não tem que se tornar um *expert*, mas precisa conhecer os recursos, saber acessá-los e vivenciar as dificuldades que os alunos poderão enfrentar.
6. Os encontros presenciais devem ser valorizados. O professor precisa ter atividades previamente elaboradas que incentivem os alunos a apresentar o que estudaram, a trazer dúvidas para a sala de aula, a ter vontade de se aprofundar no tema.
7. A avaliação da aprendizagem pode ser feita de maneira contínua em cada aula e em cada final de etapa. Isso possibilita ao professor fazer intervenções rápidas e precisas para corrigir a rota e garantir melhor aprendizagem.
8. As atividades devem ser objetivas, descomplicadas, curtas e bem focadas para manter o interesse dos alunos. O ideal é que os vídeos não ultrapassem dez minutos de duração e que os textos

ou roteiros sejam, sempre que possível, de fácil compreensão, já que, em geral, os alunos não terão o professor por perto para tirar as dúvidas iniciais de imediato.

9. Quanto mais simples as tecnologias utilizadas, maiores as chances de o método funcionar. Atuando como curador, o professor precisa escolher e indicar tecnologias preferencialmente convencionais, ou seja, que os alunos e seus familiares estejam acostumados a usar. Qualquer tecnologia ou material que dificulte o estudo pode pôr tudo a perder.

10. Incentivo à interação entre os alunos, de forma que, sempre que possível, eles discutam as temáticas — antes da aula e durante as atividades — com os professores e que também compartilhem os conceitos aprendidos e as possibilidades de colocá-los em prática.

Aos poucos, o professor constatará o grande potencial da Sala de Aula Invertida, mas é necessário que esteja aberto ao novo, aceite críticas, orientações e sugestões, aprenda com os erros e acertos e mude a rota sempre que preciso.

Outro elemento importante no rol das metodologias ativas é o **Design Thinking** (DT). A expressão significa "pensamento de um *designer*" ou "pensar como um projetista", um tipo de pensamento que usa o *design* (projeto) como ferramenta para a solução de problemas de forma criativa, sistêmica e colaborativa. De modo geral, o DT está ligado ao processo criativo e às inovações. Na educação, relaciona-se com o ensino baseado em projetos e com a resolução de problemas, o que torna essa metodologia conhecida como aprendizagem investigativa.

A expressão *Design Thinking* refere-se ao processo de desenvolvimento do pensamento crítico e criativo como instrumento para adquirir informações e propor soluções que facilitem a vida da sociedade. Essa abordagem requer o trabalho coletivo, visando à criação das condições para maximizar a geração de *insight* (entendimento) e a sua aplicação na solução de problemas ou no desenvolvimento de projetos inovadores. E ainda oferece outras duas importantes contribuições para a educação: dá voz aos alunos e gera empatia.

Não há uma única forma para executar o *Design Thinking*, mas existem etapas pelas quais os alunos passam para inovar ou solucionar problemas:

1. **Descoberta**: identificar oportunidades de inovação ou soluções para problemas. Os alunos falam abertamente sobre várias situações, ouvem e expressam-se empaticamente.
2. **Interpretação**: é o momento dos desafios, quando diferentes pontos de vista são articulados e os alunos fazem ponderações, para viabilizar a geração da oportunidade de inovação ou de solução do problema.
3. **Ideação**: é o espaço para *brainstorming* (tempestade de ideias) e internalização de possibilidades, há oportunidade de criar a inovação ou de encontrar uma determinada solução.
4. **Experimentação**: as ideias e soluções são testadas por meio do desenvolvimento de protótipos e experimentação.
5. **Evolução**: são planejados os próximos passos e o trabalho é desenvolvido com a colaboração de todos, terminando com a implementação da inovação ou com a solução do problema inicial.

Associado à abordagem DT está o **Movimento *Maker*** (a cultura da "mão na massa"), que tem suas origens na prática *Do it Yourself* (Faça Você Mesmo), que surgiu na década de 1950, em função do alto valor da mão de obra no pós-guerra. Na década de 1970, os primeiros computadores pessoais já apontavam para a Cultura *Maker*, mas ela só se consolidou com a criação da revista *Maker* (2005) e da *Maker Faire* (2006), uma convenção de *Makers*, os entusiastas do "Faça Você

Mesmo". Desde então, o movimento tem ganhado força no âmbito educacional, por incentivar a criatividade e o protagonismo do estudante (CORREDOR, 2017).

Cada aluno é estimulado a fazer atividades de forma colaborativa, desenvolvendo projetos, nos quais podem ser produzidos cosméticos, itens de higiene e limpeza, roupas, instrumentos musicais etc. As atividades podem ser desenvolvidas com ajuda de *softwares*, vídeos, textos e vários outros recursos, mas precisam contar com apoio, mediação e liderança dos professores, que trabalham com os conteúdos relacionados ao que está sendo produzido.

Os alunos podem trabalhar *off-line* e *on-line*, na escola ou fora dela. Além disso, "ações do tipo *Maker* podem ser realizadas por docentes de qualquer nível de ensino e por todas as áreas de conhecimento, bastante direcionado ao interesse do público e objetivos previstos" (CORDEIRO, 2019, p. 6).

No Brasil, um dos principais exemplos do Movimento *Maker* é a *Campus Party*, considerada a maior experiência tecnológica do mundo, por reunir milhares de jovens em torno de um festival de inovação, criatividade e empreendedorismo.

A grande "virada de chave" no Movimento *Maker* é que, em vez de os alunos estudarem sobre invenções, eles passam a ser os próprios inventores. Enquanto, no Ensino Tradicional, as crianças e os adolescentes aprendem sobre matemática, no Movimento *Maker* os alunos constroem conhecimentos matemáticos, pensando como matemáticos em determinadas situações.

Na prática pedagógica *Maker* a flexibilização curricular é essencial e os professores precisam agir como curadores na seleção de conteúdo. É fundamental trabalhar primeiramente com o conteúdo indispensável e, à medida que as atividades se desenvolvam, os próprios alunos vão pesquisando e se aprofundando nos outros conteúdos necessários.

A educação *Maker* está intimamente vinculada à Base Nacional Comum Curricular, pois integra os aspectos cognitivos e socioemocionais, de forma multidisciplinar, interdisciplinar e transdisciplinar, além de favorecer elementos tais como curiosidade, interesse, criatividade, autonomia, responsabilidade, reflexão, empatia, cooperação, colaboração, liderança e companheirismo. Os alunos aprendem a respeitar e a se relacionar com os diferentes. Com isso, passam a lidar melhor com suas próprias emoções, suas potencialidades e suas fraquezas.

A maioria das atividades *Maker* é fundamentada na abordagem construtivista de Piaget, que afirmava que o aluno se engaja conscientemente na criação de um objeto público e compartilhável. Assim, quando o estudante assume o protagonismo na construção do conhecimento, fazendo e socializando o resultado, seu interesse, entusiasmo e motivação para novas descobertas aumentam.

Na prática, ocorre a valorização da experiência do estudante, possibilitando que o aprendizado aconteça a partir dos seus acertos e, principalmente, dos seus erros, já que errar é uma consequência natural da realização de tarefas baseadas na Cultura *Maker*. O entusiasmo do aluno é um dos principais combustíveis para que ele aceite seus erros e não perca o interesse pela compreensão de temas mais complexos.

O Movimento *Maker* não demanda grandes investimentos. Por isso, muitas escolas públicas com recursos escassos têm conseguido implantar essa cultura, trabalhando principalmente com sucata. O importante é que o material seja adequado às habilidades a serem desenvolvidas e que esteja de acordo com a idade dos alunos. Os alunos mais novos utilizam materiais como cola, papelão, plástico, potes, tesouras sem ponta, isopor e dispositivos eletrônicos. Os estudantes com mais idade podem usar madeira, fios, vidro, parafusos, pregos, estilete, martelos, cola quente, ferramentas em geral, entre outros recursos.

Hoje, com a redução do custo de ferramentas e equipamentos de fabricação digital e tecnologias de computação, isso pode se tornar realidade em qualquer escola.

Outra poderosa ferramenta para o engajamento do aluno no processo de ensino e aprendizagem é a **gamificação**, estratégia que consiste em trazer os elementos e a dinâmica dos jogos para as interações do cotidiano educacional.

Os jogos possibilitam que, de forma lúdica, os alunos encontrem sentido no que procuram, no que leem e no que fazem. Estimulam o trabalho em equipe, enfatizando aspectos como responsabilidade e outros valores, como meios para alcançar resultados. Dependendo do tipo, os jogos também favorecem o desenvolvimento de formas de interação social e podem estimular a empatia, já que, em muitas situações, os alunos — ou "jogadores" — precisam se colocar no lugar do outro. O potencial da gamificação na educação é imenso, inclusive no desenvolvimento das competências socioemocionais, que fazem toda a diferença no aprendizado.

A gamificação é recomendada principalmente para aulas com conteúdo denso, como é o caso das ciências exatas e do estudo de idiomas. Pela diversão que os *games* proporcionam, as fórmulas e conceitos são entendidos de forma mais leve e efetiva.

Os *games* podem ser eletrônicos ou não, dependendo do objetivo do estudo, das condições e da estrutura da escola, bem como do preparo dos professores. Segundo Seitz e Green (2015), professor e pesquisador do Departamento de Psicologia da Universidade da Califórnia, no caso dos *videogames*, alguns realmente têm o potencial de causar mudanças significativas em uma variedade de aspectos do comportamento humano, incluindo as funções cognitivas.

Entre as várias técnicas que podem ser utilizadas na gamificação destacamos algumas, citadas e descritas pela equipe do Lyceum (2019):

1. ***Storytelling***: técnica utilizada para ensinar, demonstrar e soltar a imaginação dos alunos. Como nas estratégias dos *videogames*, o *storytelling* desperta o interesse do jogador ao inseri-lo em um cenário enigmático.
2. **Avatar**: é a representação visual do jogador. Tanto em jogos na sala de aula quanto no ambiente virtual é possível pedir que o aluno crie um personagem com elementos do conteúdo explorado, o que intensifica a sua imersão na atividade.
3. **Desafios, conquistas e missões**: completar missões e vencer desafios faz o jogador querer se esforçar cada vez mais. Esses são, portanto, fatores motivacionais para que os alunos queiram se engajar de maneira ativa e voluntária.
4. **Recompensas**: é fundamental determinar recompensas para cada ação positiva do jogador, mais uma forma de obter *feedback* positivo e estimular o engajamento. Criar um sistema de bônus ou pontuação ao jogador, para que ele perceba a utilidade da dinâmica e os benefícios da atividade.
5. **Progressão**: os jogadores precisam saber se estão caminhando na direção certa, pois isso caracteriza sua evolução nos estudos e cria um sentimento de motivação. Afinal, o "gás" precisa ser o mesmo do início ao fim, visto que a sensação de estagnação é muito ruim em qualquer atividade humana.
6. *Feedback*: é importante dar retorno aos alunos a cada etapa do jogo, a fim de que saibam como está seu rendimento. Isso é fundamental para que compreendam os pontos que precisam ser melhorados. Assim, antes de avançar nas atividades, os alunos precisam saber onde e por que estão acertando e errando.
7. **Competição**: o sabor de ganhar medalhas e prêmios e de ter seu nome associado a tais méritos desencadeia reações do sistema de recompensa do cérebro e proporciona uma sensação de vitória, que pode gerar resultados para o aprendizado.

Em *storytelling*, que consiste na contação de histórias potencializadoras de resultados, a narrativa deve ser estruturada conforme os objetivos da aprendizagem e moldada de forma a promover o interesse e a participação dos alunos. Sempre que possível, devem ser empregados recursos audiovisuais.

Por se tratar de uma estratégia versátil e complementar, a *storytelling* pode contribuir com todas as outras metodologias ativas já apresentadas e também com o desenvolvimento do conhecimento em longo prazo, já que os alunos tendem a memorizar as histórias contadas. Com isso, mantêm a conexão das histórias com os conteúdos aprendidos e o conhecimento construído. A inclusão da narração no processo educacional tem desenvolvido aspectos relacionados com empatia, criatividade e senso crítico dos alunos, já que são constantemente provocados a refletir sobre os temas apresentados. As narrativas das histórias reais, dos contos, das lendas e dos mitos são também oportunidades de transmitir valores, aspectos culturais, costumes e tradições que têm significado para a sociedade.

O **Trabalho em Equipe** é uma abordagem na qual os alunos trabalham de forma autônoma, pesquisando e compartilhando informações e conhecimento sobre determinado tema, com o objetivo de promover a aprendizagem colaborativa e cooperativa.

Na maioria das vezes, os alunos organizam os grupos em função de seus vínculos pessoais e interesses, da proximidade física ou até mesmo de modo aleatório, sendo poucos os casos em que os professores intervêm na formação das equipes com critérios técnicos ou observando os perfis para um trabalho mais efetivo.

O Trabalho em Equipe como metodologia ativa permite várias formas de organizar esses grupos de trabalho, entre elas:

1. **Roda de conversa**: é o método mais básico, porém muito eficiente. O grupo é fisicamente organizado de forma que todos os participantes consigam se ver. O professor, que atua como mediador,

deve propor questões para serem discutidas no grupo. A Roda de Conversa permite uma ampla troca, em que os alunos concordam, discordam e complementam as ideias e opiniões dos colegas.

2. **Aprendizagem entre pares**: do inglês *Peer Instruction* (*PI*) ou *Team Based Learning* (*TBL*), refere-se à formação de equipes para que o aprendizado seja em conjunto e com compartilhamento de ideias. A partir de discussões embasadas e considerando opiniões divergentes, o aluno aprende e ensina ao mesmo tempo. Essa ajuda mútua colabora bastante para a formação do pensamento, seja na resolução de um problema, no desenvolvimento de um projeto ou na discussão de um fato.

3. **Aprendizado colaborativo**: não há divisão clara de papéis. Os alunos vão progredindo pessoalmente, enquanto trabalham coletivamente em busca de um objetivo comum. Aprendem a reconhecer e a entender as diferenças individuais e gerenciá-las. As atividades não costumam ser monitoradas pelo professor: os alunos avaliam seu próprio desempenho individual e em grupo, os professores só intervêm quando solicitados pelo grupo. Dessa forma, os alunos organizam os esforços entre si e se tornam responsáveis uns pelos outros.

4. **Aprendizado cooperativo**: diferentemente do que ocorre no aprendizado colaborativo, a estrutura do aprendizado cooperativo pede que cada aluno assuma uma função específica no grupo. Contudo, eles não devem atuar isoladamente e sua interdependência deve ser positiva. Na aprendizagem colaborativa, o compromisso individual é o principal fator para que todos os membros do grupo saiam fortalecidos, a ponto de — considerando aspectos cognitivos e atitudinais — tornarem-se capazes de realizar, sozinhos, tarefas similares àquelas desenvolvidas no grupo. Nessa prática, um estudante ajuda a promover a aprendizagem de outro, por meio de explicações verbais, exemplos e demonstrações de

conceitos e atitudes. Além das questões cognitivas, do conhecimento propriamente dito, os estudantes também desenvolvem competências sociais, como aprender a dialogar de forma aberta e direta, respeitar as diferenças individuais, oferecer apoio e resolver conflitos. Embora cada participante realize as tarefas separadamente, os resultados positivos ou negativos do trabalho em grupo nunca são observados de forma individual. Assim, se um participante falhar, a falha não é dele, mas de toda a equipe. O fato de os resultados serem vistos de forma grupal não exime a responsabilidade de cada um. Sendo assim, cada estudante deve ser avaliado individualmente e a avaliação do grupo será o resultado dessas avaliações individuais. Cabe ao professor definir a função de cada integrante, fornecer informações e acompanhar o trabalho do grupo, observando e intervindo quando necessário.

Frequentemente, o aprendizado colaborativo e o aprendizado cooperativo são usados de modo intercambiável. Na aprendizagem colaborativa, os alunos progridem individualmente, mas em conjunto com os outros. Na aprendizagem cooperativa, há interdependência entre os participantes e promoção de responsabilidade entre eles.

Entre os cuidados do trabalho em grupo, seja na modalidade cooperativa, colaborativa ou em rodas de conversa, ressaltamos:

- O professor deve organizar os grupos de forma que alunos com capacidades, comportamentos e aptidões diferentes trabalhem juntos. Embora não seja simples reunir alunos assim, os resultados podem ser extraordinários.
- Sempre que puder, o professor deve organizar o ambiente físico. Nas atividades presenciais, quando houver espaços fora da sala de aula (quadra de esportes, pátios, salas de estudo, bosque, entre outros), o professor deve utilizá-los para permitir uma maior movimentação e interação entre os participantes.

- O professor deve subsidiar os alunos com materiais para pesquisas, textos e outras atividades que, antes do trabalho em grupo começar, incentivem o estudo do tema.
- O professor precisa orientar os alunos para que se organizem em círculos, de maneira que possam se ver e ouvir. O número de elementos que deverão compor os grupos nos círculos dependerá do objetivo da aula e do tipo de atividade. No entanto, um número grande de participantes não é recomendado.
- O professor deve circular entre os grupos, ajudando os alunos em caso de dúvidas ou dificuldades. Cabe a ele também avaliar as atividades, complementar as informações e elaborar uma síntese, de preferência com a participação de toda a turma.

Os benefícios das metodologias ativas são extraordinários, mas dependem do preparo e da persistência dos professores e da sua capacidade de lidar com os conflitos que podem surgir no desenrolar dos trabalhos. Todas essas práticas exigem uma mudança de mentalidade, tanto por parte dos professores como dos alunos. No entanto, valem a pena, visto que, além de desenvolvermos as questões cognitivas, estaremos preparando cidadãos mais completos, com habilidades necessárias para a vida pessoal, familiar, social e para o mundo do trabalho.

Novas formas de avaliar a aprendizagem

A avaliação escolar deve servir como um meio de democratização do ensino e norte para os processos de ensino e aprendizagem. Todavia, ela ainda tem mantido seu antigo perfil de instrumento meramente classificatório, que leva temor aos estudantes em razão da característica punitiva das provas.

Travassos e Travassos esclarecem que, nesse caso,

> O cotidiano da escola que cultiva um processo monótono e valoriza somente a transmissão de informações pelo professor — mas não a construção do conhecimento pelos alunos — tem contribuído para formar um aluno passivo, que apenas ouve e que tem como objetivo mais importante as notas das provas e o somatório delas. Assim, a prova, não a aprendizagem, passa a ser o centro da vida do aluno, que só estuda se tiver prova, apenas pela nota da prova e somente o que vai "cair" na prova (TRAVASSOS; TRAVASSOS, 2012, n.p.).

Na escola que desejamos, é necessário que tenhamos em mente quais objetivos precisam ser alcançados — tanto pelo professor como pelos alunos — e, a partir desses objetivos, fazermos planejamentos sensatos, factíveis e, acima de tudo, úteis para a vida dos cidadãos que estamos ajudando a formar. Sem esse foco, as avaliações não poderão ser utilizadas como indicadores de como estão os caminhos planejados pelos professores para os alunos, de forma que o percurso seja continuamente ajustado visando ao maior sucesso na viagem do conhecimento (TRAVASSOS; TRAVASSOS, 2012).

No caso dos objetivos educacionais, é fundamental que sejam construídos com elementos observáveis, ou seja, iniciados com um verbo de ação que indique o que o aluno fará para sabermos que aprendeu. Também vale relembrar que há dois grandes grupos de objetivos: os **gerais** (os da escola, de determinado ano escolar, da área de conhecimento e da disciplina) e os **específicos**, que são cognitivos, afetivos e psicomotores.

É essencial que os objetivos educacionais sejam voltados para a ação do aluno, não para a do professor, e que os alunos saibam quais são esses objetivos. Afinal, como Travassos e Travassos (2012, n.p.) comentam: "Se o aluno não souber para onde a aula vai, ele corre o risco de chegar aonde deve e nem perceber que chegou!".

Quanto às formas de avaliar, convém caracterizar termos que têm sido confundidos como sinônimos, mas que têm objetivos e formatos diferentes entre si: teste, prova/verificação e avaliação.

Travassos e Travassos (2018) nos ajudam a fazer a seguinte distinção:

> Os testes são atividades que servem para conferir se uma determinada experiência anterior obteve o resultado esperado; as provas são atividades usadas para conferir em que ponto está o desenvolvimento, e a avaliação é um processo que envolve observação contínua, análise e atribuição de valor ao desempenho do estudante (TRAVASSOS; TRAVASSOS, 2018, n.p.).

Sendo assim, enquanto os testes e as provas servem para uma verificação imediata e localizada, a avaliação é contínua e emprega instrumentos variados.

O processo de avaliar pode ser compreendido como uma análise qualitativa da trajetória de ensino e aprendizagem, conforme a própria LDBEN (BRASIL, 2020) determina:

> Art. 24. A educação básica, nos níveis fundamental e médio, será organizada de acordo com as seguintes regras comuns: [...]
> V — a verificação do rendimento escolar observará os seguintes critérios:
> a) avaliação contínua e cumulativa do desempenho do aluno, com prevalência dos aspectos qualitativos sobre os quantitativos e dos resultados ao longo do período sobre os de eventuais provas finais; [...] (BRASIL, 2020a, p. 20)

Entre erros e acertos, a avaliação deve orientar cada estudante sobre sua aprendizagem e cada professor sobre seu desempenho profissional. Portanto, a avaliação precisa ser pautada na verificação da aprendizagem, mas como ponto de partida e não como um fim em si mesma (LUCKESI, 2000).

A pandemia trouxe novamente uma questão que Luckesi (2000) já abordou em muitas das suas obras, que tem sido extensamente debatida, mas pouco praticada: a avaliação escolar precisa, urgentemente, se tornar uma ferramenta diagnóstica e ser um instrumento de aprendizagem, "um momento privilegiado de estudo, não um acerto de contas", como diz Moretto (2014).

Os tipos mais comuns de avaliação são:

1. **Avaliação Diagnóstica**: normalmente usada no início de uma fase escolar, abrange itens que possibilitam identificar o que um aluno sabe ou não. As informações obtidas servirão de norte para o que e como ensinar. Assim, será possível dedicar mais tempo às habilidades nas quais os estudantes mostram mais dificuldades. Se a avaliação diagnóstica — muito importante não somente no retorno às aulas, mas em todo o processo de ensino e aprendizagem — já fosse uma prática comum nas escolas, não teria havido tanta preocupação com a forma de avaliar durante a pandemia.

2. **Avaliação Formativa**: usada para acompanhar a aprendizagem do aluno ao longo da aula, é informal, vale pouca nota ou nenhuma, sendo uma oportunidade de os alunos mostrarem que compreenderam o assunto. Para Haydt (1997), a avaliação formativa é uma contribuição para a prática do professor, por meio da qual ele pode adequar o ensino às necessidades de cada turma e de cada estudante da turma, propiciando-lhes obter informações sobre o progresso da sua aprendizagem, identificando avanços e dificuldades.

3. **Avaliação Comparativa**: aplicada durante ou depois de uma aula, abrange uma parte do material, sendo adequada para verificar se os alunos dominam um tópico do conteúdo. Diferentemente

da avaliação diagnóstica, espera-se que os alunos dominem o conteúdo da avaliação comparativa.

4. **Avaliação Somativa**: utilizada como uma forma de controle ao término do ano ou de um curso, ela é semelhante à avaliação comparativa, mas abrange tudo o que os alunos aprenderam ao longo do período. São aplicadas para todos os alunos da turma, que demonstram sua capacidade de desempenho em determinado nível padrão, testando sua proficiência.

Em qualquer situação, a avaliação deve ser mediadora, assim explicada por Hoffmann (2009, p. 39): "a ação avaliativa mediadora se desenvolve em benefício do aluno e dá-se fundamentalmente pela proximidade entre quem educa e quem é educado".

As orientações do Conselho Nacional de Educação para a avaliação no período pós-pandemia também sugerem essa linha: avaliar com o intuito de diagnosticar e informar o estudante, para que ele possa compreender que a avaliação é apenas uma forma de conhecer seu processo de aprendizagem.

Quem resume muito bem esse cenário avaliativo é Shudo (2010, n.p. *apud* TRAVASSOS; TRAVASSOS, 2012, n.p.):

> Ressaltamos ainda que, nesse processo de avaliação, o professor deve conhecer os seus alunos, seus avanços e dificuldades, e também que o próprio aluno deve aprender a se avaliar e descobrir o que é preciso mudar para garantir melhor desempenho. É importante que os alunos reflitam sobre seus relacionamentos, de forma a alterar as regras quando necessário, para que todos alcancem os objetivos estabelecidos coletivamente.

Em tempos de escola híbrida, metodologias ativas e alunos protagonistas, não há mais como restringir a criatividade dos alunos (nem a dos professores...) à velha pergunta "A prova vai ser dissertativa ou de múltipla escolha?". Novos tempos, novas práticas avaliativas!

Segundo Shudo (2010 *apud* TRAVASSOS; TRAVASSOS, 2012, n.p.), "A escola que hoje queremos, dentro da pedagogia preocupada com a transformação, não mais com a conservação, repensa o processo da sala de aula". Assim, a aula passa a ser caracterizada como um momento que valoriza a autonomia do estudante, sua participação e a interação professor-aluno e aluno-aluno, com intervenções pedagógicas que privilegiem as metodologias ativas, utilizando-as como ferramentas para a construção do conhecimento que favoreça sua plena inserção na sociedade.

CAPÍTULO 4

MOBILIZAÇÃO, MOTIVAÇÃO E CONVIVÊNCIA COM A NOVA GERAÇÃO

"Da mesma forma que sem fome não aprendemos a comer e sem sede não aprendemos a beber água, sem motivação não conseguimos aprender."

Iván Izquierdo

É comum repetirmos aquela frase sobre não podermos mudar o ontem, não podermos prever o amanhã e, sendo assim, só termos uma única solução: viver o hoje. Porém, não basta viver o agora. Como o amanhã, ainda que incerto, será o reflexo do tempo presente, podemos e devemos construir, neste momento, melhores tempos para as novas gerações, mesmo que não saibamos exatamente o que o futuro nos reserva.

A palavra "geração" significa "conjunto de pessoas nascidas em determinada época". Como são indivíduos que nasceram e cresceram em um mesmo cenário cultural, social e econômico, esses grupos têm muitas características em comum, que refletem o seu tempo e a sua forma de ver o mundo.

As novas gerações precisarão construir seus próprios caminhos com autonomia, criatividade, persistência e resiliência. E, para que isso ocorra, precisamos pensar em políticas educacionais de qualidade, efetivas no atendimento da interface entre os campos sociais, educacionais, financeiros e políticos, e em um tipo de escola que ofereça educação capaz de suprir essas demandas.

1. A NOVA GERAÇÃO DE ALUNOS

Muitos estudos abordam as diferentes gerações, mas a Teoria das Gerações mais representativa é de 1991, criada pelos cientistas americanos Howe e Strauss (1991). Eles estabeleceram características geracionais desde 1584, explicando que nasce uma nova geração a cada 20 ou 25 anos, período que tem ficado cada vez mais curto. Quando comparada a outras, cada geração tem uma identidade específica.

Até pouco tempo, definíamos as diferenças geracionais apenas a partir dos anos de nascimento das pessoas. Atualmente, no entanto, é comum que a tecnologia seja o seu elemento balizador, pois tem sido o principal fator de influência nas mudanças comportamentais. Isso nos ajuda a entender como cada geração percebe a sua realidade, se comporta e desenvolve hábitos de consumo.

Vamos nos ater às gerações com as quais mais convivemos na atualidade:

Geração X

As pessoas nascidas na metade da década de 1960 até meados da década de 1980 são de uma geração que pensou bem mais na qualidade de vida e na liberdade em relações de trabalho do que seus pais, os *Baby Boomers*. A Geração X adota a expressão *carpe diem* ("aproveite o dia") como filosofia de vida, o que os leva ao consumismo, ao materialismo, à diminuição da religiosidade e torna-se altamente individualista. Vários costumes sofrem revoluções, como a instituição do casamento, e ocorre um alto número de divórcios. Algumas crises econômicas e de desemprego global levam seus integrantes a serem superprotetores e céticos. Começa a haver um maior contato com as tecnologias de comunicação.

A tecnologia aparece na educação e gera o termo "imigrante digital". O texto ainda é o início da aprendizagem, mas o processo já inclui recursos de som e vídeo.

Segundo Fava (2014), trata-se de uma geração que é, de certo modo, superficial, com menos capacidade de desenvolver senso crítico. As pessoas estabeleceram um novo código de relacionamento, com muita confiança em si mesmas e mais cínicas com relação à autoridade, aspectos comportamentais que influenciaram — e ainda influenciam — as gerações que as sucederam, inclusive considerando qualquer tipo de liderança, até a escolar, vulnerável.

Geração Y

Os nascidos em meados da década de 1980 até 1995 são nativos digitais, pois chegaram ao mundo praticamente junto com a internet, caracterizando-se como o primeiro grupo de estudantes com acesso frequente à rede. Também denominados *Millennials*, são multitarefa e estão constantemente conectados. Nessa geração, os laços de amizade e familiares são extremamente fracos, não há heróis ou ídolos, aparentam desatenção, insegurança emocional e têm necessidade de reconhecimento, o que se reflete nas relações na escola, tanto com os amigos quanto com os professores. Surgem alunos imediatistas, que não se responsabilizam por suas ações e que, aparentemente, conseguem tudo o que querem.

Fava (2014), ao citar os americanos Cline e Fay (1990) — psiquiatra e professor, respectivamente —, traz o conceito de "pais helicópteros", que superprotegem os filhos e, assim, estendem sua infância e adolescência. Resultado: hoje, é comum nos depararmos com "adolescentes de 40 anos".

Geração Z

O mundo *on-line* já acontecia quando essa geração de nascidos no final do século 20 até por volta de 2010 chegou. O mundo digital e a internet são tratados como algo natural. Denominada geração *all-line*, os filhos da Geração Y também são nativos digitais.

Fava (2014) lembra que essa geração cresceu já em tempos do desenvolvimento da *Web* 2.0, a segunda geração de comunidades e serviços da internet, com aplicativos baseados em redes sociais e tecnologia da informação. Sendo assim, ela não conhece o mundo sem celular, valoriza a comunicação e usufrui dos dispositivos móveis, tendo tudo "na palma da mão". Esses indivíduos têm familiaridade com os dispositivos tecnológicos e com a velocidade na busca de informação.

Estão constantemente conectados, fotografando, filmando, narrando onde/como estão e postando as suas atividades nas redes sociais.

A convergência — uma estrutura tecnológica única para diferentes serviços — influencia o comportamento dessa geração de modo direto. Isso gera grande preocupação nos educadores, pois ficou mais difícil motivar, ensinar e interagir com essa geração na escola, visto que crianças e jovens da Geração Z têm expectativa de que a escola se assemelhe ao seu mundo, isto é, que seja conectada, aberta, dialógica, veloz e global, conforme observa Fava (2014). Por tudo isso, a tecnologia em sala de aula pode se transformar em uma grande aliada no processo de aprendizagem, além de ser uma importante ferramenta para conscientizar adolescentes e jovens sobre temas importantes para a sua vida.

Geração Alpha

É a primeira geração cem por cento nativa digital, formada por crianças nascidas desde 2010. A característica central é o fato de não saberem viver sem tecnologia total. São chamados de Geração Tela ou *Screenagers*, em inglês.

É composta por crianças e adolescentes que entendem mais de tecnologia e de aplicativos do que os adultos, que não podem mais lhes oferecer soluções convencionais para as questões que enfrentam, porque os mais jovens já pensam de forma digital.

2. LIMITES E INTERAÇÕES COM CRIANÇAS E ADOLESCENTES

Educar nos dias de hoje é muito mais complexo! Muitos pais e professores confessam que não sabem lidar com os comportamentos dos mais jovens e, por isso, têm grande dificuldade em educar as novas gerações para o futuro. Há embates profundos, muitos estudos e questionamentos dividem opiniões. Psicólogos e educadores se dedicam a pesquisas sobre como lidar com as questões atitudinais dessas novas gerações: se podemos ou não impor limites e, se os impusermos, que tipos de limites devem ser estabelecidos.

Para o psicólogo La Taille (2006), é fundamental que os professores trabalhem com a formação moral dos alunos, principalmente entre o final da infância e o começo da adolescência. A ideia de limite dá a impressão de ser algo restritivo, uma fronteira — real ou imaginária — que não podemos cruzar.

Para Aristóteles (2019), o limite fixa o término de algo fora do qual não há existência, mas também é o começo de outra coisa diferente. Assim, o limite pode ser misto: ponto de finitude ou ponto de partida.

De acordo com o filósofo espanhol Trías (2000), o limite nos remete à fronteira da razão, que convive com a estética, a religião e a teoria do conhecimento e da ética.

La Taille (2006) também entende que limite seja uma fronteira, uma linha que separa territórios, ao mesmo tempo em que é algo a ser conquistado. A primeira ideia de limite remete à restrição, ou seja, a algo negativo, que representa algo intransponível, o que alguém pode ou não pode, o que deve ou não deve fazer ou o que pode permitir que façam consigo. No entanto, a ideia de fronteira também pode remeter à ação de transpor, de ir além.

La Taille (2006) propõe, então, três dimensões para trabalharmos os limites em educação:

1. **Impor limites**: a Constituição Brasileira (BRASIL, 2019d) garante o direito à intimidade, afirmando que a vida privada, a honra e a imagem das pessoas são invioláveis. A lei é clara, mas, na prática nem sempre é respeitada. É comum percebermos

problemas de respeito às diferenças individuais na sociedade e a escola reproduzindo esses comportamentos. Cada vez mais, as pessoas são forçadas a expor suas intimidades com o risco de, se não o fizerem, não serem mais dignas de participar de grupos ou de terem a sua autenticidade e o seu caráter questionados. As redes sociais contribuem muito para essa exposição, na medida em que muitas pessoas, quando não podem ser o que gostariam, optam por parecer o que não são. Assim, criam uma imagem positiva na sua rede social, para conquistarem adeptos, seguidores e amigos. Com o tempo, no entanto, isso pode se transformar em uma cilada, visto que as pessoas acabam por ter uma vida dupla: de um lado, o que de fato são; do outro, o que aparentam ser. O resultado é que, quando o que as pessoas realmente são vem à tona, elas ficam expostas, muitas vezes são ridicularizadas e sofrem consequências nocivas. É preciso, portanto, que a escola trabalhe as fronteiras da intimidade com os alunos, orientando-os a observarem essas fronteiras e, em determinadas situações, mantê-las fechadas. Para La Taille (2006) a construção da personalidade e a conquista da autonomia passam pela construção de fronteiras e pelo controle seletivo do acesso de outras pessoas ao seu eu. Essas fronteiras, que Arendt (2005, p. 9) denomina "um lugar seguro em que possam crescer", devem ser respeitadas pelos adultos, que, por sua vez, devem ensinar seus alunos a também respeitarem as dos seus colegas.

2. **Respeitar limites:** Freud (2018) escreveu que se há proibição é porque há desejo. A colocação de limites, no sentido restritivo do termo, faz parte do processo civilizador, ou seja, da educação. Quando perdemos isso, entramos em uma grande crise de valores, voltamos ao estado primitivo, no qual vale a lei do mais forte. Assim, toda vez que propomos um limite

como algo restritivo, temos que fazê-lo em função do bem-estar e do desenvolvimento do indivíduo e dos outros membros da comunidade. Portanto, é preciso que os alunos e seus pais entendam que algumas coisas podem ser feitas; outras, não. La Taille (2006) nos lembra que, hoje, muitos pais e professores perderam a noção de quais caminhos podem levar seus filhos ou alunos à felicidade. E, nessa incerteza, acabam impondo-lhes menos limites, inclusive por medo de sufocarem as aptidões, os talentos e as aspirações, cujo desenvolvimento é tão necessário para que seus filhos e alunos consigam alcançar essa felicidade. Segundo o autor, essa postura é honesta, mas também pode ser considerada covarde quando não assumimos integralmente o nosso papel como educadores na difícil missão de colocar limites. A liberdade que valorizamos e que damos aos educandos corre o sério risco de, em vez de um belo presente, se tornar um fardo a ser carregado no futuro.

3. **Transpor limites:** La Taille (2006) reforça a ideia de que é preciso ajudar as crianças a transporem os limites de forma cognitiva e emocional e a irem além deles. Para esse autor, "desenvolver-se é superar limites, transpô-los. Permanecer infantil é, justamente, sucumbir, seja à distância, seja à dificuldade da travessia, seja ainda aos mistérios inquietantes que escondem" (LA TAILLE, 2006, p. 15). Por não sabermos como ajudar as crianças a transpor seus limites, muitas vezes aproximamos a cultura à criança, em vez de aproximarmos a criança à cultura.

Queremos evitar que as crianças se entediem. No entanto, há muitos estudos indicando que as crianças precisam aprender a entediar-se. Já em 1932, o filósofo Alain (1868-1951) nos alertava sobre o perigo das motivações espontâneas, pois elas dispensam o esforço, que é a chave para o desenvolvimento e a formação do caráter:

> O prazer imediato é primitivo; a busca do prazer, pelo esforço, é que tem valor e é própria do adulto. Essa velha história da taça amarga com bordas açucaradas parece-me ridícula; preferiria tornar amargas as bordas de uma taça que contivesse, no seu fundo, mel (ALAIN, 1932, n.p.).

Muitos professores — principalmente os que trabalham nos Anos Finais do Ensino Fundamental e no Ensino Médio — consideram difícil colocar em prática a proposta de La Taille (2006). Vários deles reclamam da falta de interesse e motivação dos alunos para o estudo, o que Tião Rocha (2015, n.p.) explica em um vídeo: "Toda criança adora aprender, o que ela não gosta é de estudar. É que estudar ficou muito chato". A maioria das pessoas afirma que foi sempre assim, mas a diferença é que, no passado, era um aborrecimento "obrigatório e necessário".

Com as diversões disponíveis para muitos alunos, ficou mais difícil para o professor cativar a atenção e manter o entusiasmo dos alunos nas aulas, em especial porque os recursos usados são, em geral, menos interessantes do que jogos, vídeos, música, brincadeiras ou outras atividades na internet.

Também é comum que os alunos questionem o motivo de terem que aprender isso ou aquilo, por não verem sentido no conteúdo. Além disso, muitas crianças perdem a curiosidade quando chegam à puberdade, período em que atingem a maturidade sexual, e novos desejos ou interesses afloram. Assim, aquelas crianças que costumavam ser ávidas por aprender sobre planetas, seres vivos e fatos históricos voltam seus interesses para outros temas que nada ou pouco têm a ver com as temáticas propostas nas salas de aula.

Uma das principais forças que movem um indivíduo é o seu interesse. Para La Taille (2006), um aluno desmotivado não aprende bem porque lhe falta justamente o interesse, sem o qual não há ação. E Piaget (1970) ensinou que toda conduta é sempre uma adaptação, que toda adaptação é sempre o restabelecimento do equilíbrio entre o organismo e o meio e que o ser humano só age quando está momentaneamente em desequilíbrio.

Dito de maneira mais piagetiana, um aluno desmotivado não se encontra em estado de desequilíbrio. Portanto, está ausente a mola propulsora que o levaria a assimilar conteúdos novos. Por isso precisamos estudar motivação.

No ensino tradicional, quando o aluno não se interessava pela aula ou não estudava, era considerado preguiçoso; quando se interessava, era estudioso. Na pedagogia moderna, tais adjetivos foram substituídos por desmotivado ou motivado. O que mudou é que, antes, fazíamos uma avaliação moral para julgarmos os estudantes e, hoje, utilizamos uma avaliação psicológica; saímos de um padrão de regras e proibições para um padrão de quais fatos e situações podem motivar ou desmotivar os alunos.

Entre as circunstâncias que levam um aluno a estudar, estão: a promessa de alguma troca (recompensa ou castigo), o desejo de agradar pais e professores, a competição (mostrar para os outros que obteve bons resultados), a curiosidade ou a possibilidade de aplicar determinado conhecimento no cotidiano.

La Taille (2006) esclarece que interesse não é sinônimo de ter curiosidade, nem de sentir prazer imediato. Educadores precisam tomar cuidado para não caírem na armadilha do imediatismo ou acabarão passando mensagens como: "Não vamos levá-los até o lado de lá da fronteira; o que se encontra daquele lado é que virá até vocês"; "Não precisam fazer esforço para caminhar, nem sair do lugar: o mundo virá até vocês". A montanha irá a Maomé, mas a que preço? A montanha vira uma simples colina, o grande fica pequeno, a cultura se infantiliza e isso sai caro: a criança é desestimulada a erguer-se acima de sua condição infantil. Afinal, se todos os adultos engatinham à frente da criança ou fazem de conta que engatinham, que motivo a criança terá para se levantar e andar? Se os professores e pais se comprazem na mesmice e na mediocridade, que estímulos oferecem aos seus alunos e filhos para que busquem a excelência?

Curiosidade e interesse são preciosos demais para serem confundidos com prazer imediato ou motivação lúdica. A curiosidade tem grande força para pôr o aluno em movimento e, o interesse, para antecipar esse movimento. Na diversão, no entanto, há repouso na maioria das vezes.

Segundo La Taille (2006), mesmo que a maioria das crianças não pareça disposta a fazer um esforço extra, o professor não pode (nem deve) associar esse esforço a desprazer, mas entender que isso faz parte do crescer. Muitos alunos costumam elogiar os professores que dão aulas "puxadas" — uma metáfora que significa levar alguém para além de onde está — e, ainda que reclamem da dificuldade, reconhecem seu valor.

Todo grande educador "puxa" seus alunos para um ponto que vai além dos seus desejos momentâneos e do seu conhecimento ainda incompleto para um mundo novo, ajudando-os a transpor seus próprios limites. Essa é a verdadeira educação; o resto é mera animação.

Isso não significa que animação, alegria, ludicidade e brincadeiras devam ser desconsideradas. Elas devem ser bem exploradas, mas vistas como caminhos para levar o aluno para o outro lado, como quando sugerimos a gamificação como uma ferramenta para tornar a aprendizagem mais interessante. Nesse caso, não estamos apenas incentivando os alunos a jogarem, conquistarem prazer imediato e simplesmente se divertirem mais. Temos um papel muito mais sério: precisamos ajudar os alunos a se transformarem pela busca por excelência e os jogos são fatores motivacionais para a construção do conhecimento.

De acordo com Dahrendorf (1997), se eliminarmos a excelência, acabaremos não apenas em mediocridade generalizada, mas — o que é ainda pior — em uma mediocridade complacente.

3. INTERESSE, MOTIVAÇÃO E ENCANTAMENTO PARA APRENDER

Os novos perfis de alunos exigem que as escolas e os educadores façam adaptações nos seus métodos, desenvolvam novas ações pedagógicas e que, constantemente, proponham desafios para essas novas gerações. Do contrário, correm o risco de perder o seu *status* de formadores de gerações.

Será que esses estímulos e desafios realmente despertam o interesse dos alunos pela aprendizagem? Como criar desafios? Que tipos de estímulos funcionam para essa nova geração? Para tentar responder a essas questões que inquietam educadores de todo o mundo, vamos compreender melhor o tema motivação.

O estudo da motivação

A palavra motivação vem do latim *movere*, "deslocar, fazer mudar de lugar". Pode ser entendida como uma força interior, uma experiência interna, que emerge, regula e sustenta as ações mais importantes dos indivíduos. Em psicologia, "motivação consiste em uma série de fatores, de natureza afetiva, intelectual ou fisiológica, que atuam no indivíduo, determinando-lhe o comportamento" (MOTIVAÇÃO, 2015b, n.p.).

O nível de motivação é a principal chave para a realização de atividades, seja no campo pessoal ou no profissional, pois é energia, o combustível que move as pessoas rumo a seus objetivos, muitas vezes independentemente das dificuldades que encontram, o que vale para todas as áreas da vida humana.

Em boa parte do século passado, o desafio era descobrir aquilo que deveria ser feito para motivar as pessoas. Hoje, a pesquisadora Bergamini (2008) relata que, de alguma forma, cada pessoa já traz consigo as suas próprias motivações.

Assim, o novo desafio para identificar a motivação de uma pessoa é descobrir aquilo que mais a interessa e não somente encontrar, mas também adotar recursos capazes de não sufocar as forças motivacionais inerentes a ela. Bergamini (2008, p. 27) diz que não existe um "pequeno gênio da motivação" a transformar cada um de nós em uma pessoa zelosa ou que nos condene a sermos o pior dos preguiçosos. Para ela, a desmotivação não é um defeito de uma geração, nem uma qualidade pessoal, visto que está ligada a situações específicas.

Há muitas pesquisas que relacionam a motivação tanto a um lócus (do latim *locus*, significando "lugar") de controle interno, que está dentro do indivíduo, quanto a um *locus* de controle externo, que depende de situações específicas (LÓCUS, 2015a). No âmbito educacional, compete aos professores identificar essas variáveis e proporcionar situações específicas para motivar — ou, pelo menos, não desmotivar — os alunos.

Diversos estudos identificam dois tipos básicos de motivação: **extrínseca** e **intrínseca**. A primeira refere-se a fatores externos — recompensas, punições, acréscimo ou retirada de algum benefício — que incentivam o indivíduo a determinada ação; a segunda está associada a metas, objetivos e projetos pessoais, resultando na execução de uma determinada atividade pelo prazer que essa pode proporcionar.

O aluno com orientação motivacional intrínseca realiza suas atividades por prazer, por interesse, pela necessidade de autossuperação, enquanto o estudante com orientação motivacional extrínseca busca a aprovação do professor ou dos pais e se envolve nas tarefas sem real interesse na aprendizagem, mas por acreditar que haverá alguma consequência positiva ou negativa.

Atualmente, agentes envolvidos com a educação preocupam-se em encontrar formas de desenvolver a motivação nos estudantes, para que tenham ganhos de qualidade na sua aprendizagem.

Outra teoria motivacional de reconhecimento internacional — e muito próxima da realidade das escolas no Brasil — é o Modelo ARCS, acrônimo formado pelas palavras **A**tenção, **R**elevância, **C**onfiança e **S**atisfação (do inglês *Attention, Relevance, Confidence* e *Satisfaction*). Representam as quatro estratégias fundamentais para motivar os alunos nos processos de aprendizagem.

O Modelo ARCS de *Design* Motivacional foi criado em 1979, por Keller (2010), enquanto ele pesquisava maneiras de complementar o processo de aprendizagem com motivação. Esse modelo considera que as pessoas ficam motivadas para aprender quando há valor no conhecimento que está sendo apresentado. É baseado na Teoria do Valor-Expectativa de Tolman e Lewin (LOBOS, 1975), além de combinar uma ampla gama de outras bases teóricas derivadas de teorias motivacionais notáveis, tais como as da Aprendizagem Social, da Autoeficácia, do Reforço e a da Avaliação Cognitiva. Todas partem da premissa de que é preciso ter uma expectativa otimista sobre o que será desenvolvido. No caso das escolas, a aprendizagem.

Atenção

É um dos primeiros elementos ligados ao interesse ou à motivação de uma pessoa em relação a um fato ou um assunto.

Hoje, a neurociência cognitiva nos ensina que atenção é a capacidade de manter estado de alerta e filtrar os estímulos, selecionando-os como relevantes ou supérfluos. Ela pode ser tanto involuntária (um esforço inconsciente ou automático) quanto voluntária, quando uma pessoa se empenha em um esforço consciente para prestar atenção em alguém ou em algo. No entanto, educadores em geral devem saber que "prestar atenção" não é um fator único, mas um conjunto de habilidades neuronais que, a partir do estado de alerta, apresenta uma série de estágios: concentração (foco), seleção (escolha do alvo da atenção), execução (prestar atenção, propriamente dita), sustentação (manutenção da atenção em determinada tarefa pelo tempo necessário), codificação (compreensão daquilo que é o alvo da atenção) e alternância (habilidade de trocar o foco inicial por outro, mas retornar a ele quando preciso).

No caso da aprendizagem, é necessário que o aluno tenha, no mínimo, interesse nos temas e conceitos apresentados para se "conectar" com o professor, focar no conteúdo e nas atividades em sala ou em casa (atenção seletiva) e manter sua atenção pelo tempo necessário (atenção sustentada).

Entre as recomendações de como despertar a atenção dos alunos estão:

- Utilizar elementos-surpresa ou situações inesperadas que agucem a criatividade e a vontade de conhecer o que será apresentado;
- Usar histórias, analogias e metáforas das mais simples para as mais complexas;
- Incentivar o questionamento por meio de desafios e/ou problemas a serem resolvidos;
- Usar abordagens e recursos que favoreçam a aprendizagem (vídeos, músicas, leituras de textos, palestras com curiosidades e dinamismo etc.);
- Sempre que possível, mostrar exemplos específicos e relacionados com a vida e os interesses dos alunos;
- Criar situações de incongruência e conflito, dando oportunidade de o aluno fornecer um ponto de vista oposto ao que está sendo apresentado;
- Fazer perguntas que levem os alunos a terem pensamento crítico ou que ajudem a promover um debate;
- Usar bom humor para iluminar a aula;
- Gerar questionamentos que propiciem problemas difíceis de serem resolvidos, como apresentar um cenário de uma situação

problemática e propor aos alunos um *brainstorming* com possíveis soluções baseadas no que eles compreenderam.

Valem as recomendações sobre o professor investir seu tempo em conhecer seus alunos, chamando-os por seus nomes, evitando comentários pessoais depreciativos e comunicando-se de forma inesperada às vezes. Isso quebra a monotonia e gera engajamento e atenção por parte dos alunos.

Relevância

Os alunos precisam identificar a utilidade do que vão aprender. Para isso, é aconselhável que o professor considere as seguintes ações:
- Informar o objetivo de aprendizagem do conteúdo;
- Combinar os objetivos das aulas com motivos que sejam familiares para o aluno;
- Descrever como o novo conhecimento ajudará o aluno hoje e no futuro;
- Avaliar as necessidades dos alunos e as razões que têm para aprender e oferecer-lhes opções metodológicas que as atendam;
- Permitir que os alunos escolham qual método de aprendizagem funciona melhor para eles;
- Vincular os conteúdos à experiência do aluno, com exemplos de que se relacionem com a vida e o cotidiano dele;
- Trazer modelos de pessoas que usaram o mesmo conhecimento e como isso mudou as suas vidas;
- Respeitar as habilidades do aluno e mostrar-lhe como elas podem contribuir com a aprendizagem do novo conteúdo;
- Acompanhar a evolução do aluno e dar *feedbacks* vinculados ao seu cotidiano.

Confiança

Os níveis de confiança das pessoas estão frequentemente relacionados à motivação e à quantidade de esforço para alcançar determinado objetivo. Em geral, os alunos não gostam de assumir uma tarefa com pouca ou nenhuma probabilidade de sucesso. Embora o sucesso nunca seja garantido e as pessoas gostem de ser desafiadas, um desafio que estiver além da capacidade delas pode desmotivá-las.

Keller (2010) indica estratégias para a construção de confiança por professores:

- Junto com os objetivos da aula ou do conteúdo, apresentar metas claras e uma estimativa de tempo para os alunos concluírem as tarefas;

- Para que os alunos estabeleçam expectativas positivas, fornecer-lhes os critérios de avaliação. Assim, eles poderão estimar a quantidade de esforço e tempo necessários para alcançar o sucesso. Se os alunos não souberem os requisitos de aprendizagem ou sentirem que estão fora do seu alcance, a motivação diminuirá;

- Gerar experiências variadas e desafiadoras, pois ser bem-sucedido em uma situação de aprendizagem pode ajudar a criar confiança em empreendimentos subsequentes;

- Usar técnicas que permitam aos alunos atribuírem o sucesso à sua própria capacidade. A confiança tende a aumentar quando o aluno conecta o seu sucesso à habilidade ou esforço pessoal, em vez de a fatores como falta de desafio ou sorte;

- Mostrar empatia e interesse pessoal pelo que eles estão desenvolvendo, enfatizando que podem atingir seus objetivos se houver esforço;

- Ajudar os alunos a identificar pequenos passos de crescimento durante o processo de aprendizagem;

- Dar *feedback*. A confiança é construída quando há reforço positivo para as realizações pessoais.

Satisfação

Os alunos devem obter algum tipo de satisfação ou recompensa por uma experiência de aprendizagem. Essa satisfação pode vir de uma sensação de realização, elogio de um professor, pais ou gestor da escola ou ainda por mero entretenimento. O *feedback* e o reforço são importantes e, quando os alunos apreciam os resultados, ficam motivados para aprender.

Para conquistar a satisfação dos alunos, Keller (2010) indica que o professor deve:

- Incentivar e apoiar o prazer intrínseco da experiência da aprendizagem, como depoimentos dos alunos sobre o que aprenderam ou apresentação das habilidades ou projetos desenvolvidos;
- Fornecer reforço e *feedback* motivacional, inclusive concedendo certificados aos alunos à medida que eles dominarem o conjunto de habilidades;
- Manter padrões e consequências consistentes para o sucesso;
- Elogiar os alunos pessoalmente nas conquistas de resultados.

Nesse caso, valem as recomendações que o filósofo Mario Sergio Cortella costuma fazer em algumas de suas palestras: "Elogie em público e corrija em particular" e "Quem quer formar alguém corrige sem ofender e orienta sem humilhar".

Cabe explicar que o Modelo ARCS "não deve ser considerado como alternativo aos modelos apresentados [...]. Muito pelo contrário, ele deve ser incorporado nesses modelos" (LIMA; CAPITÃO, 2003, p. 104). Para despertar o interesse e aumentar a motivação dos alunos, os professores devem se concentrar em fatores que aproximem os alunos das aulas e dos conteúdos ministrados.

CAPÍTULO 5

A NOVA IDENTIDADE DO PROFESSOR

"Pensar o professor como um prático reflexivo requer considerar a dimensão humana na sua processualidade, na busca de caminhos para compreender o modo de ser professor por meio da construção de sua identidade profissional, sendo esta constituída na vivência de suas experiências e práticas, assim como na maneira como constroem a sua aprendizagem da docência."

Djaira Leitão de Araújo

Discutir educação, aprendizagem e a transformação dos alunos e da sociedade em geral perpassa diversas questões profissionais: formação, carreira, condições de trabalho, salário, reconhecimento social do professor e todos os aspectos que afetam o seu desempenho. Esses fatores são indissociáveis e definem a identidade do professor, visto que vivemos em uma sociedade capitalista, e as condições econômicas acabam determinando as condições sociais dos indivíduos e impactando a sua capacidade de gerar melhores resultados no trabalho.

As responsabilidades de formação mais sólida, dos resultados da aprendizagem de cada aluno e da transformação da sociedade estão sobre os ombros dos professores. E, atualmente, a sociedade exige que o professor também lide com elementos que não fazem parte da sua formação e que estão muito além das condições de trabalho que lhe são oferecidas.

No Brasil, a carreira do professor — com exceções — é pouco atrativa e sem perspectivas. Após os cinco ou seis anos iniciais, talvez os mais empolgantes na carreira, muitos professores se veem frente ao abismo da desilusão: "Será que estou condenado a passar meus dias em frente a este quadro de giz?".

Esse cenário cria um ambiente pouco propício a mudanças e, após um tempo no magistério, é comum que muitos professores entrem numa certa "zona de conforto", o que não tem nada a ver com zona de realização. Pode ser "confortável" em termos de não se preocuparem com inovação e mudança, mas, na verdade, é uma zona de frustração, incômodo, falta de sentido no fazer cotidiano.

Assim, muitos professores, na fase intermediária da carreira, após quinze anos de trabalho, não conseguem se aposentar profissionalmente, mas já aposentam seus "corações", com pouca energia para promover uma aprendizagem eficaz.

Culpar os professores é o caminho mais fácil, às vezes adotado por aqueles que desconhecem os problemas e desafios de um docente. Porém, não! O professor não é algoz da educação. É, sim, vítima de um sistema que, há décadas, não valoriza a educação e muito menos os agentes que nela trabalham, inclusive o professor. Isso tudo causa um grande mal-estar na categoria, levando profissionais ao afastamento por questões de saúde física e/ou emocional.

Mesmo com esse cenário desolador, muitos professores conseguem desenvolver um belíssimo trabalho: investem continuamente na sua formação, atuam com o propósito de transformar a vida dos seus alunos, envolvem-se com as famílias e com a comunidade, não se acomodam em teorias e práticas obsoletas, inovam e criam, com o objetivo de envolver os seus alunos, superando as dificuldades.

1. PERSPECTIVAS E DESAFIOS DA FORMAÇÃO

Nas últimas décadas, a formação dos professores tem sido motivo de estudos e reflexões, principalmente após a promulgação da Constituição de 1988 (BRASIL, 2019d) e da Lei de Diretrizes e Bases da Educação (BRASIL, 2020a).

Nesse período, houve uma "avalanche" de publicações e muitas tentativas de melhorar a formação dos professores para que eles obtenham melhores resultados na sua profissão.

Das vinte metas do Plano Nacional de Educação, duas são dedicadas aos professores: uma prevê a formação inicial; a outra, a formação continuada. Assim, a formação dos professores tornou-se objeto de estudos, passando a ser um dos principais focos para garantir maior qualidade na educação. Contudo, por mais que esse movimento tenha se desenvolvido, a formação do professor é ainda apontada como um dos gargalos da educação brasileira.

De um lado, temos a formação inicial, que muitos consideram extremamente acadêmica e desvinculada das reais práticas do professor na escola; do outro, a formação continuada, muitas vezes distante do cotidiano do professor e realizada mais por meio de eventos do que por programas que atendam às reais necessidades desses profissionais.

Com isso, são levantadas questões: *Com todo esse movimento, por que não conseguimos garantir uma formação mais eficiente e eficaz? Quais os problemas e entraves na formação inicial e na continuada? Como devem ser tais formações?*

Segundo Zeichner, Payne e Brayko (2015, *apud* Nóvoa, 2017), há um amplo debate sobre a formação dos professores, no qual três grupos se destacam.

O primeiro é composto por instituições e formadores que desejam continuar do mesmo modo, protegendo o seu imobilismo e recorrendo a sofisticadas teorias para legitimá-lo. O segundo é formado por aqueles que defendem uma revolução no sistema de formação, substituindo-o por alternativas alicerçadas na desregulação, na competição e no mercado. O terceiro é constituído por todos aqueles que reconhecem a necessidade de uma mudança profunda na formação de professores, mas que não se alinham às lógicas do mercado.

A imobilização, o conformismo e a acomodação dos que não querem promover a mudança na formação jamais conseguirão melhorar as condições e perspectivas para os professores. Portanto, é preciso cuidado ao analisarmos as propostas e projetos de renovação, transformação e até da proclamada revolução na formação dos professores.

Fazer uma formação de professor para atender à lógica de mercado pode ser uma armadilha que transformará os professores — e, por extensão, as escolas — em meros instrumentos do capitalismo. Assim, precisamos de projetos e programas que realmente levem o professor a transformar suas ações, a obter recursos para melhorar sua prática e seu desempenho e também desenvolver o pensamento crítico, científico e criativo, garantindo, assim, a transformação da escola e sua maior valorização pela sociedade.

Castro (2018) defende uma formação mais prática, que prepare os professores para atuarem com mais propriedade e competência, com o domínio das grandes estratégias de como ensinar. Ele é contundente ao afirmar que, se os autores de belas teorias sofreram para chegar até a sua formulação, os professores não precisam repetir o martírio; basta aprendê-las e usá-las.

Segundo ele, nas faculdades de educação falta quem tenha experiência no mundo real e tenha gerenciado uma sala de aula de Educação Básica. Castro (2018) assinala que as descabidas exigências da titulação em doutorado levam às salas de aula quem não praticou o que ensina.

Em uma analogia com a formação dos médicos, ele observa que, se temos alguma confiança nos médicos, não é porque foram alunos brilhantes das disciplinas teóricas, mas, sim, porque passaram anos como internos e, depois, como residentes. Como podemos querer bons professores se não há o equivalente à residência dos médicos?

Segundo Schön (2000), a formação deve unir teoria e prática e partir de situações reais, recorrendo à investigação como meio de decidir e de intervir significativamente em tais contextos, fazendo surgir novas concepções para a prática. Para esse autor, a ênfase na formação deve ter um aspecto prático, mas não desvinculado do pensamento reflexivo.

Já Imbernón (2011) destaca que, para ser sólida, a formação precisa instrumentalizar o professor intelectualmente, para que ele possa interpretar situações complexas e consiga se conectar com a realidade dos alunos.

Nóvoa (1995b) defende que a formação deve estar calcada nos dois pilares da escola: o conhecimento e a mobilidade social. Ele propõe cinco posições para a formação dos professores:

1. **Disposição Pessoal** — As instituições formadoras devem estimular os professores a refletir sobre os aspectos pessoais e

profissionais, ajudando-os a desenvolver melhores níveis de autoconhecimento, construção de identidade profissional, autoconfiança e capacidade de lidar com os dilemas e desafios profissionais. Nóvoa (1995a) reforça que os professores precisam transformar sua predisposição em disposição pessoal;

2. **Interposição profissional** — O ato de o professor interpor se refere a uma socialização de trabalho. Os professores precisam conquistar e defender sua posição.

> A ideia do professor que fica com a sua sala de aula e com os seus alunos acabou. Hoje nós temos um conjunto de professores, no conjunto da escola, com um conjunto de alunos, a organizarem um trabalho. Essa dimensão coletiva é absolutamente central e, infelizmente, muitas vezes está ausente nos programas de formação (NÓVOA, 2017, n.p.).

3. **Composição pedagógica** — Nenhum professor é igual ao outro. Podemos estudar teorias, metodologias, técnicas e estratégias, mas cada professor impõe um modelo único, particular, um jeito de ser e acontecer na sua atuação profissional.

4. **Recomposição investigativa** — É preciso dar ao professor condições para que desenvolva pesquisas no ambiente profissional. Muitos consideram que isso deve ocorrer na universidade ou nos centros especializados e que, na escola, o que importa é a atuação em sala de aula. Porém, é fundamental que os professores tenham condições de realizar estudos e pesquisas em serviço, analisando, de forma sistemática, os trabalhos desenvolvidos individual e coletivamente. Com a integração da prática do professor com pesquisas realizadas, é possível o registro da construção de conhecimento sistematizado e aplicado, que contribuirá para a formação de futuros professores e o desenvolvimento dos professores já no exercício da profissão.

5. **Exposição pública** — Há muitas iniciativas de projetos e a tendência atual é que a escola se transforme em um espaço público de educação, tornando necessária uma participação mais ampla da sociedade nas questões educacionais. Para Nóvoa (2013), a difusão da educação digital deve contribuir para promover essa integração e facilitar mudanças, tanto por parte dos professores como dos demais agentes da sociedade. Isso favorecerá a diluição da fronteira entre a escola e a sociedade.

Vale ressaltar que os responsáveis pela formação continuada precisam propor itinerários diferentes para os professores, de acordo com a fase na carreira. Em geral, isso não é levado em conta e o professor com três décadas de experiência participa do mesmo programa de formação de um professor que está ingressando no magistério. Tal situação é desestimulante e só amplia a crise profissional.

É importante frisar que, conforme o art. 61 da Lei de Diretrizes e Bases da Educação Nacional (BRASIL, 2020a), a formação do profissional para o exercício do magistério deve se dar na Educação Superior e considerar todas as dimensões do professor.

2. A IDENTIDADE DO PROFESSOR

A identidade profissional docente pode ser compreendida como o conjunto de representações construídas a respeito dos modos de ser e agir dos professores em suas funções. É influenciada por variáveis, como o significado social da profissão, seu *status*, a formação, as perspectivas de carreira, a remuneração, as possibilidades no mercado de trabalho e a tradição, dentre outras.

Em síntese, a identidade corresponde à maneira de ser e estar em uma profissão. A identidade do professor é estruturada pelas formas como ele se percebe e é percebido pelos seus familiares, amigos, colegas de profissão e pela sociedade em geral; seu desenvolvimento, por outro lado, está sujeito às características pessoais e profissionais dos indivíduos, à sua forma de ver e lidar com a vida, às suas crenças, assim como valores, atitudes e representações.

Quanto à dimensão pessoal, Nóvoa (1995a) reforça a necessidade de a reflexão crítica e a autonomia nos docentes serem estimuladas e de que, para os professores poderem dar sentido e significado às suas vivências, sejam encontrados espaços de interação entre o pessoal e profissional.

Para Veiga (2008), a identidade profissional docente não é estática, pois é construída no decorrer do tempo, em determinados espaços, e sofre mudanças no decorrer na vida, a partir de posturas, experiências, atividades e contextos em que os professores se encontram.

Carreira: desafios, etapas e perspectivas

Segundo Huberman (2000), a carreira do professor pode ser dividida em sete fases, que não apresentam desenvolvimento linear nem segmentado, mas se desencadeiam, principalmente em função dos contextos de atuação profissional:

- **Fase 1** — Entrada na carreira: período de 1 a 3 anos. Os professores passam por um estágio de descoberta e vivenciam os primeiros desafios e obstáculos da profissão, atuando com entusiasmo e insegurança;
- **Fase 2** — Estabilização: de 4 a 6 anos de carreira. É o período de consolidação da escolha profissional no meio social e de demonstração de independência, confiança, segurança e competência;
- **Fase 3** — Diversificação: de 7 a 25 anos de carreira. É a do enfrentamento dos desafios e de novas experiências. Têm de

desenvolver novas competências para dinamizar suas aulas e renovar as suas práticas pedagógicas, com o uso de recursos didáticos e tecnológicos;
- **Fase 4** — Pôr-se em questão: de 15 a 25 anos de carreira. Tempos do questionamento dos professores quanto às suas próprias ações, dos resultados efetivos e uma carga de realização ou frustração;
- **Fase 5** — Serenidade e distanciamento afetivo: de 25 a 35 anos de carreira. Período de menor preocupação com julgamentos e maior conforto na profissão. Em razão da falta de necessidade de provar algo sobre o que fazem, há menos investimento na carreira, podendo acontecer um distanciamento dos alunos;
- **Fase 6** — Conservantismo e lamentações: de 25 a 35 anos de carreira. O professor passa a apresentar resistência às mudanças na profissão decorrentes das mudanças sociais. É comum exaltarem o passado e demonstrarem insatisfação com o comportamento dos alunos, o sistema de ensino, os colegas de trabalho e outras angústias;
- **Fase 7** — Desinvestimento: de 35 a 40 anos de carreira. Boa parte dos professores encontra-se frustrada, por não ter conseguido alcançar seus objetivos na carreira. Tornam-se desmotivados e desinteressados pelo que fazem e pela carreira do magistério em si.

Nesse cenário, em que os professores se tornam frágeis e descrentes daquilo que fazem, fica difícil imaginar qualquer transformação na educação e, principalmente, na sociedade. Assim, torna-se fundamental estudar, avaliar e valorizar a carreira docente, para que essas atitudes e os comportamentos identificados por Huberman (2000) sejam parte do passado, visto que não condizem com as necessidades da sociedade atual. Promover essa transformação é responsabilidade dos professores e de outros agentes da educação.

Não haverá transformação na sociedade se não houver educação de qualidade, e não haverá a verdadeira educação de qualidade se não houver uma real valorização dos professores.

Bem-estar x Mal-estar

Ressalta-se que no mundo de hoje, dentre tantas crises, vivemos uma crise de valores, na qual a família tem um papel importante. Os alunos, na maioria das vezes, não querem aprender, e os professores se veem frequentemente de "mãos atadas" frente a cenários complexos e desafiadores.

Para Nóvoa (2009), o atual contexto social e cultural dos alunos apresenta, para a escola e os seus professores, novos dilemas focados na dimensão humana e relacional do ensino. Ele enfatiza que os professores são criticados por não garantirem, na escola, o que a sociedade não consegue fora dessa instituição e que é necessário entender que as questões sociais inseridas na escola exigem respostas também sociais.

Esse mal-estar generalizado observado no magistério tem levado os professores a um alto nível de estresse e esgotamento, que tem desencadeado casos da Síndrome de *Burnout*. Essa expressão cunhada pelo psicanalista americano Freudenberger — também conhecida como Síndrome do Esgotamento Profissional — refere-se a um distúrbio psíquico que impacta praticamente todos os aspectos da vida de um indivíduo. O termo vem da língua inglesa, *burn* (queimar) e *out* (que dá a ideia de por completo). Sua principal característica é o estado de tensão emocional e estresse crônico provocado por condições laborais desgastantes e trabalho exaustivo, que se manifesta especialmente em pessoas cuja profissão exige envolvimento interpessoal direto e constante, como é o caso dos professores (CÓRDULA; ALVES, 2014).

Uma das definições de Síndrome de *Burnout* é "uma síndrome através da qual o trabalhador perde o sentido da sua relação com o trabalho" (CODO, 2006, p. 258). Em síntese, é uma "desistência" da profissão; não encontrando mais sentido em realizá-la, o professor desiste da sua carreira, até sem se dar conta disso.

Como a formação, a identidade, a carreira, o cotidiano, as práticas pedagógicas, as emoções e os sentimentos de um professor estão interligados, é impossível tratar de um aspecto sem abordar os demais.

São várias as questões que têm deixado a complexa carreira docente cada vez mais desafiadora, chegando a, algumas vezes, ser paradoxal. Esse é o caso da implantação da Base Nacional Comum Curricular, em que os professores precisam desenvolver competências emocionais, sociais e éticas, entre outras, associando-as às competências cognitivas dos seus alunos.

Além do desenvolvimento dessas competências, várias questões sociais batem à porta da escola, tais como falta de respeito, indisciplina, publicações que buscam manchar a imagem do professor nas redes sociais, violência e drogas.

Ademais, o professor concorre com novos meios que disponibilizam, em tempo real, uma enorme gama de conhecimento. Isso demanda muito mais preparo para ele poder assumir os novos papéis de facilitador e validador da informação, assim como o de mediador da construção do conhecimento. Para isso, o professor precisa ter pensamento sistêmico e agir interdisciplinarmente, relacionando os temas do seu campo de especialização com os das outras áreas de estudo.

Relações interpessoais

A forma como um professor se relaciona e se comunica é determinante para o sucesso na profissão. Ela é crucial para conquistar o apoio dos colegas professores e gestores, para a validação da sua prática, e das famílias, que influenciarão o desempenho dos alunos nas atividades desenvolvidas com o professor.

As relações podem ser unilaterais, quando somente uma parte ganha, o que gera desconfortos e rompimentos, e acontece quando o professor adota uma postura autoritária. Outro tipo de relação é a bilateral, na qual os envolvidos ganham, cada um à sua maneira, pois há troca. São geralmente mais harmoniosas, construtivas e duradouras. Portanto, cabe ao professor analisar suas relações interpessoais, para evitar que a relação unilateral prejudique a prática pedagógica.

Mesmo sendo seres sociais, nós agimos, pensamos e nos comportamos de formas diferentes, o que torna os relacionamentos bastante complexos. Em um contexto competitivo, desafiador e conflitante, como é o ambiente de trabalho, esses fatores se agravam e, se não administrarmos as nossas emoções e os nossos relacionamentos, corremos o risco de perder o que conquistamos ou o que poderíamos conquistar. E para que isso não aconteça, em qualquer ambiente profissional ou social, tem sido dada ênfase à inteligência emocional.

Segundo Goleman (1996), responsável por popularizar o conceito de Inteligência Emocional (IE) no mundo, trata-se da capacidade que uma pessoa tem de gerenciar seus sentimentos, de modo que sejam expressos de maneira apropriada e eficaz.

Goleman (1996) explica que, ao falar em controlar emoções, está se referindo apenas às estressantes e incapacitantes, pois sentir as emoções é o que torna a vida humana rica, sendo fundamental que os líderes gerem bons sentimentos em seus liderados.

Barbosa e Silva (2019) apontam que a inteligência emocional foca em uma série de competências e habilidades que propiciam melhores relacionamentos e, consequentemente, melhores desempenhos profissionais. O modelo de Goleman (1996) fundamenta a IE em cinco pilares:

- **Autoconsciência** — capacidade de reconhecer as próprias emoções;
- **Autorregulação** — capacidade de lidar com as próprias emoções;
- **Automotivação** — capacidade de se motivar e de se manter motivado;
- **Empatia** — capacidade de enxergar as situações pela perspectiva dos outros;
- **Habilidades sociais** — conjunto de capacidades envolvidas na interação social.

Esses fatores são fundamentais para que os professores se conheçam melhor e administrem suas emoções, mantenham relacionamentos saudáveis, empáticos. Destacamos ainda a importância de criarem sinergia com todos os atores e agentes educacionais. Essa sinergia é o combustível para que os objetivos para aprendizagem e desenvolvimento dos alunos sejam atingidos.

Estudos apontam que a IE influencia o sentimento de bem-estar, torna as pessoas mais resilientes diante de problemas, mais propensas ao bem comum, favorece o êxito na vida social e faz dos profissionais melhores líderes. Quem gerencia as emoções aumenta a cooperação e o desempenho do grupo nos trabalhos em equipe e se preocupa mais com a justiça.

Postura ética

A ética, conjunto de princípios e valores pelos quais os indivíduos determinam a sua conduta social, define o comportamento dos seres humanos. Os princípios éticos são mais abrangentes do que as leis, os regulamentos e os costumes; valem para toda a sociedade e devem ser respeitados por todos. Logo, a postura ética é um fator de extrema importância para qualquer profissional conquistar resultados.

No caso de uma escola, essa postura é a forma como nos apresentamos junto aos nossos alunos, aos nossos colegas, às famílias dos alunos e à comunidade em geral. É a forma como, por meio de nossos gestos, nossas atitudes, nossas falas e nossos comportamentos, externalizamos o profissionalismo que temos. Assim, se desejarmos realmente formar e transformar pessoas, precisamos ser exemplo, e ter como tônica o velho ditado "o que digo é o que faço".

Considerações finais

Nos capítulos deste livro compartilhamos reflexões que não se esgotam aqui, pois mudança, inovação e renovação são palavras-chave em Educação. Por ora, vamos concluir com um belo poema, que costuma ser atribuído a Paulo Freire, declarado Patrono da Educação Brasileira pela Lei n. 12.612/2012 (BRASIL, 2012b), mas que, de acordo com os filhos de Paulo Freire (Instituto Paulo Freire, s.d.)

> [...] não foi escrito por ele e sim por uma educadora que o estava assistindo e "poetizou" a palestra, utilizando frases e ideias de Freire. No final da palestra aproximou-se dele e lhe entregou o papel, sem se identificar. Freire nunca publicou esse poema em nenhum de seus livros, embora suas ideias sobre a escola tenham sido captadas pela autora e traduzidas no poema (INSTITUTO PAULO FREIRE, s.d.).

A Escola

Escola é... o lugar onde se faz amigos.

Não se trata só de prédios, salas,

quadros, programas, horários, conceitos...

Escola é, sobretudo, gente,

gente que trabalha, que estuda, que se alegra,

se conhece, se estima.

O diretor é gente, o coordenador é gente,

o professor é gente, o aluno é gente,

cada funcionário é gente.

E a escola será cada vez melhor

na medida em que cada um se comporte como

colega, amigo, irmão.

Nada de "ilha cercada de gente por todos os lados".

Nada de conviver com as pessoas

e depois descobrir que não tem amizade a ninguém.

Nada de ser como o tijolo que forma a parede,

indiferente, frio, só.

Importante na escola não é só estudar,

não é só trabalhar;

é também criar laços de amizade,

é criar ambiente de camaradagem, é conviver,

é se "amarrar nela"!

Ora, é lógico... numa escola assim vai ser fácil estudar, trabalhar, crescer, fazer amigos,

educar-se, ser feliz!

Referências

ALAIN, Émile Chartier. *Propos sur l'éducation*. Version numérique par Gemma Paquet. Québec-Canada: Cégep de Chicoutimi, 1932. (Les classiques des sciences sociales). Disponível em: https://blog.univ-reunion.fr/benne/files/2012/10/Ref_Alain_Propos_Education.pdf. Acesso em: 30 jun. 2021.

ARENDT, Hannah. *Entre o Passado e o Futuro*. São Paulo: Perspectiva, 2005.

ARISTÓTELES. *Ética a Nicômaco*. São Paulo: Edipro, 2019.

BALZAN, Newton C. *Conversa com professores do fundamental à pós-graduação*. São Paulo: Cortez Editora, 2015.

BARBOSA, Suria; SILVA, Margarida. O que é inteligência emocional e como ela pode te ajudar a crescer na carreira. *Muito Mais Seleção*, Salvador, 2 jul. 2019. Disponível em: https://www.muitomaisselecao.com.br/2019/07/o-que-e-inteligencia-emocional-e-como-ela-pode-te-ajudar-a-crescer-na-carreira/. Acesso em: 10 ago. 2021.

BENDER, William N. *Aprendizagem baseada em projetos*: educação diferenciada para o século XXI. Porto Alegre: Penso, 2014.

BERGAMINI, Cecília Whitaker. *Motivação nas Organizações*. São Paulo: Atlas, 2008.

BRASIL. Ministério da Educação. Instituto Nacional de Estudos e Pesquisas Educacionais Anísio Teixeira (Inep). *Sistema de Avaliação da Educação Básica*

(Saeb). Brasília, DF: MEC/Inep, 1995. Disponível em: https://www.gov.br/inep/pt-br/areas-de-atuacao/avaliacao-e-exames-educacionais/saeb. Acesso em: 15 dez. 2020.

BRASIL. Presidência da República. Casa Civil. Subchefia para Assuntos Jurídicos. *Lei n. 12.711, de 29 de agosto de 2012*. Dispõe sobre o ingresso nas universidades federais e nas instituições federais de ensino técnico de nível médio e dá outras providências. Brasília, DF: Presidência da República, 2012a. Disponível em: https://www.planalto.gov.br/ccivil_03/_ato2011-2014/2012/lei/l12711.htm. Acesso em: 15 dez. 2022.

BRASIL. Ministério da Educação. Lei n. 12.612, de 13 de abril de 2012. Declara o educador Paulo Freire Patrono da Educação Brasileira. *Diário Oficial da União*: seção 1, Brasília, ano 149, n. 73, p. 1, 16 abr. 2012b. Disponível em: http://portal.mec.gov.br/index.php?option=com_docman&view=download&alias=10562-16-04-12-link-leipaulofreire&category_slug=abril-2012-pdf&Itemid=30192. Acesso em: 12 ago. 2021.

BRASIL. Presidência da República. Casa Civil. *Lei n. 13.005, de 25 de junho de 2014*. Aprova o Plano Nacional de Educação — PNE e dá outras providências. Brasília, DF: Presidência da República, 2014. Disponível em: http://www.planalto.gov.br/ccivil_03/_ato 2011-2014/2014/lei/l13005.htm. Acesso em: 15 dez. 2020.

BRASIL. Presidência da República. *Lei n. 13.415, de 16 de fevereiro de 2017*. Estabelece as diretrizes e bases da educação nacional, regulamenta o Fundo de Manutenção e Desenvolvimento da Educação Básica e de Valorização dos Profissionais da Educação e institui a Política de Fomento à Implementação de Escolas de Ensino Médio em Tempo Integral. Brasília, DF: Presidência da República, 2017. Disponível em: http://www.planalto.gov.br/ccivil_03/_ato2015-2018/2017/lei/L13415.htm. Acesso em: 15 dez. 2020.

BRASIL. Ministério da Educação. Instituto Nacional de Estudos e Pesquisas Educacionais Anísio Teixeira (Inep). *Base Nacional Comum Curricular*. Brasília, DF: MEC/CNE, 2018a. Disponível em: http://inep80anos.inep.gov.br/inep80anos/futuro/novas-competencias-da-base-nacional-comum-curricular-bncc/79. Acesso em: 15 dez. 2020.

BRASIL. Ministério da Educação. *O que é educação a distância?* 2018b. Disponível em: http://portal.mec.gov.br/component/content/article?id=12823:o-que-e-educacao-a-distancia. Acesso em: 20 jan. 2020.

BRASIL. Ministério da Educação. *Educação presencial mediada por tecnologia promove equidade.* 2018c. Disponível em: http://portal.mec.gov.br/component/content/article/211-noticias/218175739/7228-educacao-presencial-mediada-por-tecnologia-promove-equidade?Itemid=164. Acesso em: 20 jan. 2020.

BRASIL. Ministério da Educação. *Organização para a Cooperação e Desenvolvimento Econômico — OCDE.* 2018d. Disponível em: http://portal.mec.gov.br/busca-geral/480-gabinete-do-ministro-1578890832/assessoria-internacional-1377578466/20746-organizacao-para-a-cooperacao-e-desenvolvimento-economico-ocde. Acesso em: 21 jan. 2020.

BRASIL. Ministério da Educação. Instituto Nacional de Estudos e Pesquisas Educacionais Anísio Teixeira — Inep. *Índice de Desenvolvimento da Educação Básica — Ideb.* Brasília, D.F.: MEC, 2019a. Disponível em: https://www.gov.br/inep/pt-br/areas-de-atuacao/pesquisas-estatisticas-e-indicadores/ideb. Acesso em: 12 jun. 2021.

BRASIL. Ministério da Educação. Instituto Nacional de Estudos e Pesquisas Educacionais Anísio Teixeira (Inep). *Pisa 2018 revela baixo desempenho escolar em leitura, matemática e ciências no Brasil.* Brasília-DF: Inep/MEC, 2019b. Disponível em: http://portal.inep.gov.br/artigo/-/asset_publisher/B4AQV9zFY7Bv/content/pisa-2018-revela-baixo-desempenho-escolar-em-leitura-matematica-e-ciencias-no-brasil/21206. Acesso em: 12 dez. 2020.

BRASIL. Ministério da Educação. Instituto Nacional de Estudos e Pesquisas Educacionais Anísio Teixeira (Inep). *Censo Escolar 2019.* Brasília, DF: MEC/Inep, 2019c. Disponível em: http://portal.inep.gov.br/web/guest/acesso-a-informacao. Acesso em: 12 dez. 2020.

BRASIL. *Constituição da República Federativa do Brasil.* Atualizada até a EC n. 105/2019. Brasília: Supremo Tribunal Federal, Secretaria de Documentação, 2019d. Disponível em: http://www.stf.jus.br/arquivo/cms/legislacaoConstituicao/anexo/ CF.pdf. Acesso em: 14 dez. 2022.

BRASIL. *Lei n. 9.394, de 20 de dezembro de 1996*. Estabelece as diretrizes e bases da educação nacional. 4. ed. Atualizada até abril de 2020. Brasília, DF: Senado Federal, Coordenação de Edições Técnicas, 2020a. Disponível em: https://www2.senado.leg.br/bdsf/bitstream/handle/id/572694/Lei_diretrizes_bases_4ed.pdf?sequence=1&isAllowed=y. Acesso em: 18 abr. 2021.

BRASIL. Ministério da Educação. Instituto Nacional de Estudos e Pesquisas Educacionais Anísio Teixeira. *Brasil no Pisa 2018*. Brasília-DF: INEP/MEC, 2020b. Disponível em: https://www.gov.br/inep/pt-br/areas-de-atuacao/avaliacao-e-exames-educacionais/pisa. Acesso em: 15 dez. 2022.

BRASIL. Ministério da Educação. Conselho Nacional de Educação. Súmula do Parecer CNE/CP n. 5/2020. *Diário Oficial da União*: seção 1, Brasília, DF, ano 158, n. 83, p. 63, 4 maio 2020c. Disponível em: https://pesquisa.in.gov.br/imprensa/jsp/visualiza/index.jsp?data=04/05/2020&jornal=515&pagina=63. Acesso em: 20 jan. 2020.

BRASIL. Ministério da Educação. Instituto Nacional de Estudos e Pesquisas Educacionais Anísio Teixeira (Inep). Índice de Desenvolvimento da Educação Básica (Ideb). Diretoria de Estatísticas Educacionais (DEED). *Resultados do Índice de Desenvolvimento da Educação Básica 2019*. Brasília, DF: Inep/MEC, 2021. Disponível em: https://download.inep.gov.br/publicacoes/institucionais/estatisticas_e_indicadores/resultados_indice_desenvolvimento_educacao_basica_2019_resumo_tecnico.pdf. Acesso em: 12 jan. 2023.

CASAGRANDE, Renato; CASAGRANDE, Ronaldo. *Modelos de Ensino Híbrido e Remoto*. 2020. Disponível em: https://renatocasagrande.com/modelos-de-ensino-hibrido-remoto/. Acesso em: 21 jan. 2020.

CASTRO, Claudio de Moura. Aulas devem ser ativas, não passivas. In: *Desafios da Educação*, 27 abr. 2018. [Entrevista para a Redação]. Disponível em: https://desafiosdaeducacao.grupoa.com.br/claudio-de-moura-castro-aulas-devem-ser-ativas-nao-passivas. Acesso em: 30 abr. 2021.

CENTRO DE INOVAÇÃO PARA A EDUCAÇÃO BRASILEIRA (CIEB). *Estratégias de Aprendizagem Remota*, 15 abr. 2020. Licença Creative Commons 4.0 Internacional. Disponível em: https://aprendizagem-remota.cieb.net.br. Acesso em: 10 jan. 2020.

CHAVES, Eduardo. A escola precisa se reinventar. *In*: *Profissão Mestre*, São Paulo, n. 61, p.10-12, 1 out. 2004.

CLINE, Foster W.; FAY, Jim. *Parenting with Love and Logic*: Teaching Children Responsibility. Colorado: Navpress Pub Group,1990.

CODO, Wanderley (coord.). *Educação*: carinho e trabalho. 4. ed. Petrópolis: Vozes, 2006.

CORDEIRO, Luis Felipe; GUÉRIOS, Samantha Cordeiro; PAZ, Daiane Padula. Movimento *maker* e a educação: a tecnologia a favor da construção do conhecimento. *In*: *Revista Mundi Sociais e Humanidades*, Curitiba, PR, v. 4, n. 1, 45, jan-jul, 2019. Disponível em: http://dx.doi.org/10.21575/25254774rmsh2019vol4n1735. Acesso em: 10 jun. 2021.

CÓRDULA, Eduardo Beltrão de Lucena; ALVES, Sílvia Aparecida. Síndrome e *burnout* no magistério. *In*: *Educação Pública*, 21 out. 2014. Disponível em: https://educacaopublica.cecierj.edu.br/artigos/14/37/sndrome-de-burnout-no-magistrio. Acesso em: 10 jun. 2021.

CORREDOR, Jefferson André de Jesus. Breve histórico do Movimento *Maker*. *LinkedIn*, 9 nov. 2017. Disponível em: https://pt.linkedin.com/pulse/breve-hist%C3%B3rico-do-movimento-maker-jefferson-andr%C3%A9-de-jesus-corredor. Acesso em: 15 abr. 2021.

DAHRENDORF, Ralf. *Moral revolução e sociedade civil*. São Paulo: Paz e Terra, 1997.

DALE, Edgar. *Audiovisual methods in teaching*. New York: Dryden Press, 1969.

DEWEY, John. *Vida e Educação*. São Paulo: Nacional, 1959.

FAVA, Rui. *Educação 3.0*: como ensinar estudantes com culturas tão diferentes. São Paulo: Saraiva, 2014.

FAVA, Rui. *Educação para o século XXI*: a era do indivíduo digital. São Paulo: Saraiva, 2016.

FIRACE, Tarso. *Era do significado*: as empresas encontram seu lugar no mundo. 1. ed. São Paulo: Inovação, 2011.

FREEMAN, Scott et al. Active learning increases student performance in science, engineering, and mathematics. *In*: *PNAS*, San Francisco, May 12, 2014, v. 111, n. 23, p. 8410-8415. Disponível em: www.pnas.org/cgi/doi/10.1073/pnas.1319030111. Acesso em: 21 jan. 2020.

FREUD, Sigmund. *Moisés e o monoteísmo, Compêndio de psicanálise e outros textos (1937-1939)*. Tradução de Paulo César de Souza. v. 19. São Paulo: Companhia das Letras, 2018. (Obras completas).

FUNDAÇÃO GETÚLIO VARGAS (FGV). *Perda de aprendizado no Brasil durante a pandemia de covid-19 e o avanço da desigualdade educacional*. São Paulo: FGV, 2020. Disponível em: https://fundacaolemann.org.br/storage/materials/e828oun5zDAh6bqCMcplmqKz1VsD5Tr3jTgecYXd.pdf. Acesso em: 15 abr. 2021.

FUNDAÇÃO ITAÚ SOCIAL. *Pesquisa Relação Família-Escola*: estudos de casos de redes. out. 2018. São Paulo: Plano CDE, 2018. Disponível em: https://www.itausocial.org.br/wp-content/uploads/2020/12/Pesquisa-Relacao-Familia-Escola_relatorio-final.pdf. Acesso em: 30 abr. 2021.

GLASSER, Willian. *Teoria da escolha*: uma nova psicologia de liberdade pessoal. 1. ed. São Paulo: Mercuryo, 2001.

GOLEMAN, Daniel. *Inteligência emocional*: a teoria revolucionária que redefine o que é ser inteligente. Tradução de Marcos Santarrita. 1. ed. São Paulo: Objetiva, 1996.

HAYDT, Regina Célia C. *Avaliação do processo ensino-aprendizagem*. 6. ed. São Paulo: Ática, 1997.

HOFFMANN, Jussara. *Avaliação Mediadora*: uma prática em construção da pré-escola à universidade. Porto Alegre: Mediação, 2009.

HORN, MICHEL B.; STAKER, Hearther. *Blended*: usando a inovação disruptiva para aprimorar a educação. Porto Alegre: Penso, 2015.

HOWE, Neil; STRAUSS, William. The Cycle of Generations. *In*: *American Demographics*, v. 13, n. 4, 1991.

HUBERMAN, Michael. O ciclo de vida profissional dos professores. *In*: NÓVOA, António (org.). *Vidas de professores*. Tradução de Maria dos Anjos Caseiro e Manuel Figueiredo Ferreira. Porto: Porto, 2000.

INSTITUTO BRASILEIRO DE GEOGRAFIA E ESTATÍSTICA (IBGE). *Síntese de indicadores sociais*: uma análise das condições de vida da população brasileira. n. 39. Rio de Janeiro: IBGE, 2018. (Estudos e Pesquisas: informação demográfica e socioeconômica). Disponível em: https://biblioteca.ibge.gov.br/index.php/biblioteca-catalogo?view=detalhes&id=2101629. Acesso em: 15 dez. 2022.

IMBERNÓN, Francisco. *Formação docente e profissional*: formar-se para a mudança e a incerteza. v. 14. 9. ed. São Paulo: Cortez Editora, 2011. (Questões da nossa época).

INSTITUTO PAULO FREIRE. *Perguntas frequentes*. Licença de compartilhamento Creative Commons Atribuição-Compartilhamento pela mesma licença 4.0 Internacional. [s.d.]. Disponível em: http://www.paulofreire.org/perguntas-frequentes. Acesso em: 12 ago. 2021.

INSTITUTO DE PESQUISA ECONÔMICA APLICADA (IPEA). *Brasil pós--Covid-19*. Contribuição do Ipea, 2020. Disponível em: https://www.ipea.gov.br/portal/categorias/129-coronavirus/publicacoes/8333-brasil-pos--covid-19. Acesso em: 10 ago. 2020.

KELLER, John M. *Motivational design for learning and performance*: the ARCS model approach. New York: Springer, 2010.

KHAN ACADEMY. *Para todos os alunos, todas as salas de aula*. 2021. Disponível em: https://pt.khanacademy.org/. Acesso em: 12 jun. 2021.

LAGO, Zita. Políticas educacionais e qualidade social. *In*: *Roda do Saber*, 2020. 1 vídeo (89 min). Publicado pelo canal Instituto Casagrande. Disponível em: https://www.youtube.com/watch?v=kecYcB1Cz64&feature=youtu.be. Acesso em: 20 dez. 2020.

LA TAILLE, Yves de. *Moral e Ética*: dimensões intelectuais e afetivas. Porto Alegre: Artmed, 2006.

LETRUD, Kare. A rebuttal of NTL Institute's learning pyramid. *Education*, v. 133, n. 1, p. 117-124, 2012.

LIMA, Jorge Reis; CAPITÃO, Zélia. *E-Learning e e-Conteúdos*: aplicações das teorias tradicionais e modernas de ensino e aprendizagem à organização e estruturação de e-cursos. Vila Nova de Famalicão: Centro Atlântico, 2003.

LOBOS, Júlio. Teorias sobre a motivação no trabalho. *RAE — Revista de Administração de Empresas*, v. 15, n. 2, p. 17-25, abr. 1975. Disponível em: https://www.scielo.br/j/rae/a/w9bLvMdzV73Fr8LQkHcMhGD/?lang=pt. Acesso em: 12 jul. 2021.

LÓCUS. *In*: MICHAELIS, *Moderno Dicionário da Língua Portuguesa*. São Paulo: Melhoramentos, 2015a. Disponível em: https://michaelis.uol.com.br/moderno-portugues/busca/portugues-brasileiro/locus. Acesso em: 30 jun. 2021.

LUCKESI, Cipriano Carlos. Maneiras de avaliar a aprendizagem. *Pátio*, São Paulo, ano 3, n. 12, p. 7-11, fev.-abr. 2000.

LYCEUM BLOG. *Gamificação na educação*: tudo o que você precisa saber. Redação Lyceum, 29 abr. 2019. Disponível em: https://blog.lyceum.com.br/o-que-e-gamificacao-na-educacao. Acesso em: 02 fev. 2021.

MAFFESOLI, Michel. *Homo Eroticus*: comunhões emocionais. 1. ed. Rio de Janeiro: Forense, 2014.

MARTINS, Vicente. Lei n. 9.394/96: as 10 concepções de aprendizagem. *DireitoNet*, 18 nov. 2003. Disponível em: https://www.direitonet.com.br/artigos/exibir/1375/Lei-9394-94-As-10-concepcoes-de-aprendizagem. Acesso em: 2 jul. 2021.

MORAN, José. *Metodologias ativas para uma aprendizagem mais profunda*. 2013. Disponível em: http://www2.eca.usp.br/moran/wp-content/uploads/2013/12/metodologias_moran1.pdf. Acesso em: 10 fev. 2021.

MORAN, José. Educação híbrida: um conceito-chave para a educação, hoje. *In*: BACICH, Lilian; TANZI NETO, Adolfo; TREVISANI, Fernando de Mello (orgs.). *Ensino Híbrido*: personalização e tecnologia na educação. Porto Alegre: Penso, 2015.

MORETTO, Vasco P. *Prova*: um momento privilegiado de estudo, não um acerto de contas. 9. ed. Rio de Janeiro: Lamparina Editora, 2014.

MOTIVAÇÃO. *In*: MICHAELIS. *Moderno Dicionário da Língua Portuguesa*. São Paulo: Melhoramentos, 2015b. Disponível em: https://michaelis.uol.com.br/moderno-portugues/busca/português-brasileiro/motiva%C3%A7%-C3%A3o/. Acesso em: 30 jun. 2021.

NÓVOA, António (org.). *Vidas de professores*. 2. ed. Porto: Porto, 1995a.

NÓVOA, António. Formação de professores e profissão docente. *In*: NÓVOA, António (coord.). *Os professores e sua formação*. 2. ed. Lisboa: Dom Quixote, 1995b.

NÓVOA, António. *Professores*: imagens do futuro presente. Lisboa: EDUCA, 2009.

NÓVOA, António. Pensar la escuela más allá de la escuela. *Con-Ciencia Social*, Madrid, n. 17, p. 27-37, 2013.

NÓVOA, António. Firmar a posição como professor, afirmar a profissão docente. *Cadernos de Pesquisa*, v. 47, n. 166, p. 1.106-1133, out.-dez. 2017. Disponível em: https://www.scielo.br/j/cp/a/WYkPDBFzMzrvnbsbYjm-vCbd/?lang=pt&format =pdf. Acesso em: 10 abr. 2021.

ORGANIZAÇÃO PARA A COOPERAÇÃO E O DESENVOLVIMENTO ECONÔMICO (OCDE). Brasil — Notas sobre o País. *In: Resultados do PISA 2018*, v. I-III, p. 1-11, Paris: OECD Publishing, Inep/MEC, 2019.

PAZETO, Antonio Elizio. Participação: exigências para a qualificação do gestor e processo permanente de atualização. *Em Aberto*, Brasília, v. 17, n. 72, p. 163-166, fev.-jun., 2000.

PIAGET, Jean. *Psicologia e Pedagogia*. Rio de Janeiro: José Olympio, 1970.

PORVIR. *Ensino híbrido*: é a combinação do aprendizado online com o *offline*. 2013. Disponível em: https://porvir.org/ensino-hibrido-ou-blended-learning/. Acesso em: 10 jan. 2021.

SCHÖN, Donald. A. *Educando o profissional reflexivo*. São Paulo: Artmed, 2000.

SEITZ, Aaron R.; GREEN, C. Shawn. The Impacts of Video Games on Cognition (and How the Government Can Guide the Industry). Article. Published on Oct. 1, 2015. *Sage Journals*, v. 2, Issue 1, 2015. Disponível em: https://journals.sagepub.com/doi/10.1177/2372732215601121. Acesso em: 21 jan. 2021.

SHUDO, Regina. Sala de aula e avaliação: caminhos e desafios. 2010. *In*: TRAVASSOS, Edson G.; TRAVASSOS, Lucília P. *Avaliação*: Atestado de Óbito ou Certidão de Nascimento? Belo Horizonte: Promove, 2012. Oficina de Elaboração de Questões, 15 dez. 2012. Palestra.

TAYLOR, Frederick. W. *Princípios de Administração Científica*. 8. ed. São Paulo: Atlas, 2009.

TIÃO ROCHA e o modelo educacional brasileiro. *NAMU Reportagem*. 1 vídeo (4 min). Publicado por NAMU em 20 maio 2015. Disponível em: https://www.youtube.com/watch?v=ErJQlD0tAtE. Acesso em: 30 jun. 2021.

TRAVASSOS, Edson G.; TRAVASSOS, Lucília P. *Avaliação*: Atestado de Óbito ou Certidão de Nascimento? Belo Horizonte: Promove, 2012. Oficina de Elaboração de Questões, 15 dez. 2012. Palestra.

TRAVASSOS, Edson G.; TRAVASSOS, Lucília P. *Introdução das atividades avaliativas de aula*. Belo Horizonte: FBMG, 2018. Palestra.

TRAVASSOS, Lucília Panisset. *Mapas conceituais como geradores de ontologia de domínio*: case Portal sobre Síndrome de Irlen. 2019. Tese (Doutorado em Engenharia e Gestão do Conhecimento) — Universidade Federal de Santa Catarina, Centro Tecnológico, Programa de Pós-Graduação em Engenharia e Gestão do Conhecimento, Florianópolis, 2019.

TRÍAS, Eugenio. *Ética y condición humana*. 2. ed. Barcelona: Península, 2000.

UNESCO. International Institute for Educational Planning. *Planning education, building the future*. 2003a. Disponível em: http://www.iiep.unesco.org/en/institute/monitoring-and-evaluation-how-we-look-impact. Acesso em: 20 dez. 2020.

UNESCO. Towards Knowledge Societies: an Interview with Abdul Waheed Khan. Communication and Information Sector. *In*: *A World of Science Quarterly Newsletter*, 2003b. Disponível em: http://www.unesco.org/new/ en/communication-and-information/resources/news-and-in-focus-articles/allnews/news/towards_knowledge_societies_an_interview_with_abdul_waheed/. Acesso em: 14 dez. 2020.

VEIGA, Ilma Passos A. Docência como atividade profissional. *In*: VEIGA, Ilma Passos A.; D'ÁVILA, Cristina (org.). *Profissão docente*: novos sentidos, novas perspectivas. Campinas: Papirus, 2008.